Despertar

LEITURAS MATINAIS PARA EXPANSÃO DA CONSCIÊNCIA

ILCOACHING
EDITORA

Mario Henrique Meireles

Despertar

LEITURAS MATINAIS PARA EXPANSÃO DA CONSCIÊNCIA

---

1. **Regência Múltipla**
   fazer sair ou sair do sono, do estado dormente; acordar, espertar.
2. **Transitivo Indireto Bitransitivo e Intransitivo**
   fazer sair ou sair do estado de torpor ou de inércia; fazer readquirir ou readquirir força ou atividade; espertar.
3. **Espiritual**
   relacionado à percepção em relação ao mundo. Indivíduo passa a perceber e se conectar com o universo, com a espiritualidade, as energias e tudo que o cerca além do material ou físico.

Dados Internacionais de Catalogação na Publicação (CIP)
(Câmara Brasileira do Livro, SP, Brasil)

Meireles, Mario Henrique
Despertar : leituras matinais para a expansão da consciência / Mario Henrique Meireles. -- 1. ed. -- São Paulo : Instituto Life Coaching, 2023.

ISBN 978-65-992712-5-0

1. Autoajuda (Psicologia) 2. Autoconhecimento (Psicologia) 3. Desenvolvimento pessoal 4. Insight I. Título.

23-159530 CDD-158.1

Índices para catálogo sistemático:

1. Autoajuda : Psicologia 158.1

Aline Graziele Benitez - Bibliotecária - CRB-1/3129

ISBN: 978-65-992712-5-0
9 786599 271250

INSTITUTO LIFE COACHING

www.institutolifecoaching.com.br

loja.institutolifecoaching.com.br

@ilccoaching

Dedicatória

Eu quero dedicar este livro a todos os seguidores que diariamente interagem comigo nas redes sociais e me motivam a continuar compartilhando esses curtos textos.

Aos poucos, vocês me mostraram que valia a pena compartilhar e eternizar esses textos.

Obrigado.

Quero agradecer aos que trabalharam neste livro de forma direta. Hellen, minha fiel escudeira que cuidou de todos os detalhes; XXXXXX, que cuidou da parte gráfica e do design; Carol, que compilou esses dois anos de textos; e Mayumi, que é minha enorme professora de gramática e revisora deste material.

À minha família, quero agradecer pela paciência e pelo amor que recebo de vocês sempre! Entendem-me e dão-me o espaço que preciso para criar e buscar minha autorrealização.

Deise, Rafa e Martín, vocês são minha maior inspiração de vida todos os dias!

Por fim, nas próximas páginas, quero agradecer aos leitores que participaram da campanha de pré-venda e ajudaram a financiar este livro, tornando-o possível.

Agradecimentos Especiais

Esta parte eu reservei para você que, além de ler o livro, foi uma das pessoas que o sonhou comigo. Que contribuiu na nossa campanha de pré-venda e ajudou este livro a se tornar uma realidade.

Agradeço muito pela sua contribuição e pela ajuda!

Para mim, particularmente, é um prazer ter seu nome dentro deste livro junto com o meu!

Espero que as palavras tragam muitas alegrias e sucesso na sua trajetória, e que milhares de pessoas vejam seu nome nestas páginas.

São poucos aqueles que enxergam e agem com o coração generoso!

Obrigado!

Ana Paula Vieira Lacerda
Anelita Gallo
Bruna Rissato
Cristina Silva Castello Garcia
Fabiane Corrêa
Felicia Gonçalves Weyel Mader
Flávia Previato
Isabella Pesce
Juliana Mariam Nerguisian Lima
Junia Carraretto
Karla Apovian
Luci Tanaka
Manoela Bitencourt
Marcela Buttazzi
Mariana Boni Brilha
Micheli Linesi
Monica Astolfi
Monica Cavalier
Rafael Peçanha e Malu Neres
Thiago Rocha
Vera Passos

Sobre Este Livro

Diariamente, eu escrevo em minhas redes sociais. Muitos textos e pensamentos que tenho e escrevo ficam guardados apenas para mim, pois ainda não sinto que seja a hora de publicá-los; outros, eu posto de imediato. É uma sensação difícil de descrever, mas muito real.

Eles surgem naquele momento em que estou acordando.

Alguns tenho em sonho e, literalmente, me acordam para que sejam anotados.

Tornou-se parte de mim compartilhar essas inspirações com as pessoas que encontro.

Após anos nessa caminhada, milhares de novas pessoas começaram a participar desse compartilhamento diário de pensamentos e, por pura limitação das redes, não tiveram acesso aos pensamentos mais antigos.

Assim surgiu a vontade e a necessidade de criar um "Resumo dos melhores momentos" ou "Os melhores lances" que aconteceram nesse período de 2019 até o início de 2022.

Acredito que o mundo pedia por paz interior, crescimento espiritual, sobriedade e saúde mental.

De imediato, eu gostei da ideia e comecei a articular uma forma de tornar este livro realidade e criar uma conexão diária, no mundo físico, com aqueles que buscam mensagens inspiradoras e reais sobre a vida e todos os seus aspectos mais lindos.

Eu sou um apaixonado pela vida.

Espero que essas palavras também ajudem você a se apaixonar por ela.

Não há uma ordem de leitura. Siga a ordem do seu coração.

Divirta-se no processo.

Amo você!

Mário

Leitura 1

“*Você pode falar e entender inglês, alemão, francês e até mandarim, mas se não tiver a sensibilidade para entender o silêncio de alguém, de nada adiantará! Escute com a sua energia. Ela guarda os ouvidos da alma.*”

@mariohmeireles

É uma decisão. Confiar na nossa intuição e na nossa energia é uma questão de decisão!

É correr riscos.

É passar por todo o caminho do aprendiz errando, sofrendo, batendo com a cabeça na parede...

É passar por processos dolorosos e, às vezes, repetidos...

E se olharmos de forma prática e fria para a vida, é uma decisão racional e quase óbvia não querer ir além do que os ouvidos escutam e os olhos enxergam...

Mas vá além!

Coragem!

Desperte o sagrado em você.

Escute com a alma!

Escute com o espírito!

É isso que o torna o Ser Sobrenatural e divino que você é: escutar a magia do mundo ao seu redor!

Leitura 2

"

Comece a semana com um planejamento.
Inclua:
- Tempo para seus rituais;
- Tempo para seus hobbies;
- Tempo para sua família;
- Tempo para o corpo...

Já sabemos que você vai trabalhar bastante, mas a vida perde o sabor se não colocamos tempo para as coisas que nos trazem felicidade.

"

@mariohmeireles

Leitura 3

> “*Algo que vai elevar seu espírito é ser, para o próximo, a pessoa que você precisou. Seja, para seus filhos, o pai que você não teve, a mãe que você quis, o amigo, o apoiador, o ouvinte... É uma forma maravilhosa de agir e uma maneira de transmutar sua dor.*”
>
> @mariohmeireles

Sempre que ouço “Você é um pai incrível”, sinto-me particularmente alegre. Esse elogio retrata uma lição aprendida e uma dor resolvida!

Conheci meu pai aos 19 anos (eu abro essa história no meu primeiro livro, o vol. 1), e a paternidade sempre foi um tema de toque áspero, sabe? Daqueles que você evita.

Assim foi até o nascimento do meu primeiro filho, o Rafael.

Claro que, sem referência de pai, a minha decisão foi ser O-Pai-Que-Eu-Não-Tive.

Aquele que participa, assiste às aulas quando pode, dá presente, educa, brinca junto etc. Essa decisão transformou minha forma de ser e ampliou minha consciência!

O tema outrora áspero se tornou aveludado e deleitoso!

Transmutando dor em motivo de orgulho e prazer!

Obviamente que quero meus próximos filhos em um contexto familiar diferente. Todos nós temos um cenário ideal em mente! Uma forma de criação, educação etc.!

Você pode se alinhar com esse ideal! Faça o melhor que puder, o que mais se aproxima desse cenário ideal, e, pela certeza que a vida me dá, o Universo entenderá o recado e fará tudo o que for necessário para você se tornar essa pessoa que tanto quer!

Transforme sua dor em amor e mudança!

Deus nos traz lições de maneiras muito peculiares!

Leitura 4

> “ *O caminho para a paz de espírito*
> *que você tanto busca está:*
> *nas pendências que você não resolve;*
> *nas rixas que você mantém;*
> *nos planos que você abandona;*
> *nas decisões que você não toma...*
>
> *Resolva-se! Ponha energia!*
> *A paz está do outro lado da bagunça*
> *que você insiste em manter!* ”
>
> @mariohmeireles

Faça uma lista de pendências (bem além das financeiras) e inclua coisas pequenas: roupas a serem doadas, ligações, conversas a serem feitas, documentos e papéis atrasados.

Os planos antigos, não executados, e as promessas um dia feitas e que não foram esclarecidas continuam consumindo energia.

Chega! É muita coisa sendo arrastada por muito tempo!

Proponho esse exercício e é libertador!

Faça, resolva, liberte-se!

Seja leve!

Simplifique!

A paz surgirá naturalmente!

Leitura 5

“

Para encontrar o amor, joguei-me.
Crente de que a pessoa certa me pegaria.
Era isso que eu estava disposto a fazer.
Há o risco de se frustrar e de assustar o outro
por ‘estar indo rápido demais’, há! Isso é óbvio.
Porém, o maior risco é perder uma
relação intensa, cheia de amor, com a
pessoa certa, por não largar o medo!

”

@mariohmeireles

Leitura 6

> *"Vai doer. Talvez muito!*
> *Vai doer até o ponto que você não aguente*
> *mais e decida resolver a questão!*
> *Até você decidir que essa dor*
> *não vai ter mais espaço!*
> *Mas fique tranquilo.*
> *A vida é tão perfeita que, mesmo intensa, não vai*
> *doer nem um segundo a mais do que o necessário!"*
>
> @mariohmeireles

Todos temos um limite. Alguns, fortes e resistentes, sofrerão mais. Suas qualidades de força e resiliência, nessas horas, o colocam em xeque!

Colocam a pessoa contra ela mesma!

Mesmo sendo forte e lutadora, pode decidir comprar uma briga com suas próprias emoções!

É um embate duro. Forças intensamente iguais, mas em direções opostas!

Nenhum dos dois lados vence e isso resulta no desgaste que sentimos como dor!

Mas ela passa no momento que você decide que não haverá mais briga! Que você escolhe ser maior que o problema!

Que ele não pode fazer com que você se destrua de dentro para fora!

É sempre você contra você mesmo!

Desista da luta!

Você vence dos dois lados!

A verdadeira vitória é parar com a dor!

Leitura 7

“Crie desarmonia, seja a oposição
quando for necessário.
Tenha coragem!
Quando estiver em um ambiente
violento, seja gentil!
Quando estiver cercado de covardes, seja a força.
Quando duvidarem de você, vá à luta.
Não se harmonize com vibrações inferiores à sua!
Fique firme e busque sempre o crescimento!”

@mariohmeireles

Muitas vezes, por amor (mas há casos que é por medo de abandono também), aceitamos e compactuamos com comportamentos de nossos pais, amigos e cônjuges!

Comportamentos que podem não fazer jus à nossa natureza, que não nos levam para onde queremos ir e não nos fazem felizes!

Quando for assim, desarmonize-se!

Tenha coragem!

Busque a prosperidade e o amor que você tanto quer, mesmo que isso incomode todos ao seu redor!

Leitura 8

> “*Você vai precisar de muita FORÇA!*
> *Mesmo que já tenha percorrido*
> *por anos na estrada errada, faça o*
> *retorno para a direção correta!*
> *Corte a inércia.*
> *Não existe tempo perdido neste*
> *Universo, tudo é lição!*
> *Nunca é tarde para se retomar o caminho correto.*”
>
> @mariohmeireles

Vale para sua saúde.
Vale para seus estudos e sua faculdade.
Vale para seus relacionamentos.
Vale, sobretudo, para a sua carreira!
Retome a direção, recupere o foco e fortaleça o amor-próprio!
Isso fará milagres por você!

Leitura 9

“

Acalme seu coração!
Todas as dores, amarguras, traições, decepções e tristezas encontrarão o fim nos braços da pessoa certa, que o amará de verdade!
Mantenha-se aberto ao amor!

”

@mariohmeireles

Leitura 10

> *“Sua vontade de crescer pode ofender algumas pessoas. Quando você fala para o grupo: ‘Pessoal, não quero mais fazer isso!’, alguns interpretarão como arrogância, presunção ou rejeição. Fique em paz. Sua intenção é boa. Você apenas quer evoluir e melhorar!”*
>
> @mariohmeireles

Mesmo que você ame as pessoas, às vezes, para encontrar a sua paz e seu caminho, você terá que dar as costas. Sair.

Da conversa, de casa, daquele grupo de WhatsApp, daquela roda de conversa fofoqueira ou negativa, do país...

Não é por mal, mas alguns acharão que você está “se sentindo muito superior para ficar com a gente”! E não é!

Você apenas quer melhorar, explorar novas capacidades e competências!

Isso poderá magoar algumas pessoas.

Podem se sentir abandonadas, inferiorizadas, rejeitadas ou apenas saudosas com a sua ida!

Não deixe isso contê-lo.

Aja! Apesar da complexidade, aja!

No final, o que importa é sua consciência tranquila!

Leitura 11

> *"Se você não veio de uma família rica,*
> *essa família rica deverá sair de você.*
> *Se ela não é estruturada e emocionalmente*
> *estável, a estrutura e estabilidade*
> *deverão começar com você!*
> *É uma escolha.*
> *Olhar para trás e culpar seus antepassados*
> *ou desenhar um novo futuro."*
>
> @mariohmeireles

É uma decisão simples. Sobretudo, uma decisão sobre como olhar a sua história!

Alguém sempre desperta na linha familiar e muda o futuro de gerações!

É uma prova de amor!

Talvez alguém tenha feito isso na sua família e colocado você em posição de subir ainda mais alto.

Talvez não! Talvez essa oportunidade de ser alguém que mudará gerações está contigo!

Você não é obrigado a aceitá-la!

Mas não pode culpar os outros que também não aceitaram!

Escolher olhar com amor para os que vieram antes de nós, entendendo que cada um teve sua história, suas dificuldades e seus desafios, é um ato de amor e autorresponsabilidade!

É contigo mudar a sua vida e a de todos os que virão após a sua ida!

Leitura 12

"*Vença as estatísticas! Mesmo que o medo e o cansaço joguem contra! Mesmo sem recursos, apoio e empatia das pessoas.*
Apenas siga.
Construa uma história que daria força para você mesmo nos momentos difíceis.
Seja luz e fique firme"

@mariohmeireles

Esse desafio que você está enfrentando também está sendo enfrentado por milhares de pessoas!

Use-o como fonte de inspiração, como um apoio para construir um exemplo que mostre para todos que é possível vencer!

Mostre com sua própria história que é possível superar as condições iniciais adversas e seguir em frente!

Ensine que temos o poder de transformar a nossa vida!

Construa a história que teria inspirado você mesmo nos momentos difíceis!

Leitura 13

"*Se ninguém estiver aplaudindo-o,*
seja você o primeiro.
Se ninguém reconhecer seu esforço,
seja você o primeiro.
Se ninguém amá-lo, seja o primeiro.
A jornada, às vezes, é solitária, mas
se você não desistir de si mesmo, terá
apoio por todo o caminho."

@mariohmeireles

Leitura 14

> “*Um dia você vai rodar, viajar!*
> *No caminho, encontrará pessoas que o tratarão bem e o acolherão como amigo de longa data.*
> *Você entenderá que amigo é alguém com propósito, valores ou missão iguais aos seus.*
> *Você tem grandes amigos que ainda nem conheceu.*
> *Encontre-os!*”
>
> @mariohmeireles

Todos os que querem o bem
são honestos e bons de coração.
Querem se tornar melhores e ajudar outros a serem melhores.
Todos, sem exceção, considerem-se meus amigos.
Já tenho vocês, mesmo sem conhecê-los, no coração!

Leitura 15

“*Você mudará de opinião. As condições mudam,*
as ideias, os valores e as visões também.
Não há problema algum, apenas não espere
que todos também mudem com você.
Aceite a não aceitação. Aceite a hostilidade.
Mude de ideia, mas não mude sua
aceitação e o seu amor ao próximo.”

@mariohmeireles

Muitas decisões importantes são postergadas e adiadas (ou mesmo não tomadas) pelo medo que nós temos de encarar a rejeição dos outros.

Temos medo de não sermos aceitos, de que as pessoas não gostem mais de nós.

Medo de perdermos amigos, credibilidade, apoio ou mesmo amor!

Eu espero que você tenha a coragem necessária para tomar as decisões difíceis que coloquem energia em seu coração e ponham sua vida de volta aos trilhos!

Você encontrará apoio naqueles que realmente o amam!

Leitura 16

"*Conclua as coisas que você inicia.*
Abra espaço para novas empreitadas.
Libere as energias que estavam
sendo usadas no projeto.
Mas, principalmente, diga para o Universo:
'Pode me mandar mais ideias que
eu vou executar todas!'.
Acredite em você."

@mariohmeireles

A intuição nasce de um lugar mais amplo dentro de você!

Receba e acredite na mensagem!

Coloque ação!

Coloque fé!

Execute!

Virão forças e recursos de todos os lugares para tornar essa intuição uma realidade.

As boas ideias não nos pertencem, nós pertencemos a elas!

Somos apenas instrumentos de realização!

Leitura 17

> “*Busque inspiração em grandes líderes,*
> *celebridades e referências!*
> *Sempre bom!*
> *Contudo, saiba que há muita inspiração*
> *em seus amigos empreendedores, nos trens*
> *lotados, na luta pela vida, na natureza, nos*
> *pais e nas mães que sustentam uma família.*
> *Abra os olhos e reconheça os grandes*
> *exemplos que o cercam!*”
>
> @mariohmeireles

Você, junto a aqueles que estão na mesma batalha, tem força!

Apoie os que estão na mesma luta, no mesmo momento, na mesma direção!

Sabe, você tem amigos que precisam da sua ajuda! Muitos!

Na real, TODOS!

Apoie os negócios, as ideias, os projetos e sonhos deles!

Acredite na visão de futuro do que eles podem se tornar, não na história ou no passado deles!

Veja além!

Construa essa visão junto!

E, com certeza, não apenas eles crescerão, mas você e todos no entorno crescerão juntos!

Leitura 18

"Aprenda a receber e a aceitar elogios. Muitos verão seus defeitos e o rotularão de chato, feio, arrogante, egoísta etc. Outros, contudo, o acharão a pessoa mais incrível do mundo. Enxergando qualidades que nem você mesmo sabia. No fim, é você que escolhe em quem acreditar."

@mariohmeireles

É difícil, dependendo do seu nível de amor-próprio, aceitar elogios.

Você não quer parecer que "está se achando", que é "presunçoso" ou "arrogante!" Muitas vezes, lutamos e apagamos nosso próprio brilho com receio do que os outros pensarão da nossa postura e conduta.

Todos perdem quando você não aceita nem mostra o seu melhor!

Não entre no jogo como café com leite. Entre sabendo do seu potencial e da sua força!

Entre jogando para dar aula! Para que todos reconheçam suas qualidades e suas forças MESMO QUE VOCÊ NÃO FALE UM "A" SOBRE ELAS!

Aquilo que você pratica fala por você!

Seja a sua gentileza, alegria, inteligência, simplicidade ou qualquer outro recurso que você tenha.

As pessoas SENTEM a maestria que envolve os seus comportamentos expressos com amor!

Leitura 19

> “*Nesta semana, quando estiver ansioso*
> *ou estressado, pergunte-se:*
> *Por que estou com pressa?*
> *Do que estou querendo fugir?*
> *O que resolveria isso?*
> *Qual o primeiro passo?*
> *Grande parte do estresse vem de*
> *acreditar não haver saída.*
> *Mas, prometo-lhe, existe a solução.*
> *Tenha coragem.*”
>
> @mariohmeireles

Aquilo que está tirando a sua paz morre de medo de decisões e atos corajosos!

A dificuldade mora no fato de que as ações estão em suas mãos!

De que só depende de você!

E você enfrentará as consequências também!

Você tem alternativas, mas, agora, entre nós, você tem a coragem necessária?

Eu acredito que sim!

Vai pra cima nesta semana!

Que seja rica de luz e energia!

Leitura 20

"A desistência inconsciente rouba seus sonhos.
Ela é sorrateira. Seus sintomas são:
- Não se compromete;
- Tolera menos do que merece;
- Imagina cenários de derrota;
- Dá desculpas;
- Desvia o foco;
- Não coloca toda sua energia...
Desista de desistir, vá e vença!"

@mariohmeireles

Acordei inspirado hoje! Já trabalho com pessoas há muitos anos – inclusive comigo – e eu conheço o processo de desistência inconsciente!

Quando estamos diante de um problema grande ou de uma meta que parece ficar cada dia mais difícil, começamos uma série de ações (o que eu batizei de sintomas) para nos confortar caso a gente não atinja a meta!

São ideias, discursos, palavras e declarações de derrota.

São as sentenças de fracasso que, fatalmente, acabarão roubando nossos sonhos!

Você não fracassa por não atingir as metas, você fracassa por permitir-se desistir delas. Desistir de uma vida melhor, desistir de ser mais, de ajudar mais, de promover mais bem-estar para aqueles que estão ao seu lado!

Você pode muito mais.

Acabe com a desistência inconsciente!

Vá com tudo! Até o final!

Até o limiar das suas forças!

Até chegar aonde você de fato merece!

As pessoas SENTEM a maestria que envolve os seus comportamentos expressos com amor!

> *“A vida é feita para ser divertida. Lembre-se de que tirar a roupa é muito melhor do que tirar fotos. Registre memórias importantes, mas saiba que a vida acontece atrás das câmeras.”*

@mariohmeireles

Leitura 21

“As coisas acabam e tudo bem. Não faça do futuro uma continuação do passado, apegando-se a relacionamentos, ideias e projetos. Eles trouxeram você até aqui. Deu. Apegue-se à ideia de aprender, crescer e transformar-se em quem você sonha ser. O futuro será bom se você também for.”

@mariohmeireles

Existem diferentes cenários futuros. Inúmeros. A cada decisão, você rompe e destrói um infinito número de universos prováveis, onde você existe probabilisticamente.

A sua decisão muda tudo!

Esse é o maior poder do Universo!

Se você decide parar de fumar, mudar de país, ter um filho, casar-se, mudar de emprego ou fazer uma viagem, universos de probabilidades surgem e somem com a mesma velocidade de bolhas em uma taça de champanhe.

E, sem brincadeiras, DÁ!

Alguém vive uma vida igual a que você sonha! Portanto, dá!

Tome pequenas decisões todos os dias para manter o Universo que você sonha VIVO em todas as possibilidades futuras.

Use suas decisões de forma sábia!

Leve isso a sério!

Todo um Universo futuro depende delas!

Leitura 22

> "*Às vezes, os maiores desafios que enfrentamos não estão na carreira, nos negócios ou nas finanças.*
> *A vida, em sua inteligência, colocará desafios em casa.*
> *Desafio com seus pais, irmãos, marido e filhos.*
> *Para que, com amor, vocês fiquem, lutem e vençam.*"
>
> @mariohmeireles

A sua família é seu campo de treinamento!

Vencer dificuldades de comunicação em casa melhorará a sua comunicação na empresa e no trabalho!

Superar julgamentos, aumentar a aceitação e amar aqueles com quem temos intimidade e de quem conhecemos todos os pontos negativos nos trarão um ganho de tolerância e compaixão gigantesco.

Dizer o que é evidente e não é dito, resolver questões sensíveis, encontrar sinceridade e transparência farão com que você seja um líder mais confiável e verdadeiro no seu trabalho.

Para aqueles que não tiveram um lar ou uma família, a regra também é válida. São desafios igualmente grandes, apenas diferentes!

A sua casa é seu playground! Seu ponto de partida!

Seu ponto de partida é, também, sua primeira aula na escola da vida!

Se você estiver atravessando um deserto, a
PIOR coisa que você pode fazer é parar!
Continue! Tente outra vez! Persista!
O sucesso não resiste ao poder do trabalho.
Eu já sei o que acontece se você desistir, eu quero
descobrir o que acontece se você continuar!
Vença mais um dia!

@mariohmeireles

Leitura 23

> *“Normalize as conversas sem segundas intenções!*
> *Acredite em amizades sinceras!*
> *Lembra-se de quando você fazia amigos apenas*
> *para brincar, se divertir e passar bons momentos?*
> *Na dúvida, procure qualquer criança e*
> *a assista fazendo novos amigos na praia*
> *ou em um parque. É uma aula!*
>
> @mariohmeireles”

Você se lembra de como era?

No meu trabalho, conhecer pessoas é uma das atividades mais importantes (e desafiadoras ao mesmo tempo)!

Conhecer pessoas me ensina mais sobre as diferentes formas de ver o mundo. Ensina-me sobre diferentes realidades e vidas!

Isso me torna um profissional melhor AO MESMO TEMPO que me apresenta novos clientes e parceiros de projetos!

É uma troca deliciosa!

É observar a expressão divina em suas infinitas maneiras!

MUITO do que você busca vem de outra pessoa!

De objetos materiais a sentimentos emocionais!

Contudo, a vida adulta e seus inúmeros percalços calejam todos nós.

As pessoas têm não um ou dois, mas quatro pés atrás! Hahahaha!

Criamos barreiras que nos impedem de nos relacionarmos apenas para fazermos amigos.

Por isso, tire as segundas intenções. Seja infantil.

SINTA A ENERGIA da outra pessoa e você saberá se pode ou não confiar!

Divirta-se! Passem tempo juntos! Troquem ideias e energias!

Estamos aqui para nos conectar uns com os outros!

As crianças SABEM BEM disso!

Leitura 24

> *"A nossa produtividade individual cai não apenas por falta de habilidades, técnicas ou experiência.*
>
> *Ela cai por falta de suporte emocional, medos, inseguranças e ansiedades!*
>
> *Hoje, como líder – de sua casa, vida ou negócios – foque em cuidar dos corações das pessoas!"*
>
> @mariohmeireles

Tempos difíceis exigem pessoas fortes.

Pessoas ficam mais fortes quando recebem suporte, apoio, companhia, presença e ajuda!

Talvez, para aumentar a sua própria performance nesses tempos difíceis, o que você precise é de algum tipo de Suporte.

Não falo de algo externo, mas, sim, interno!

O momento é de cuidarmos uns dos outros.

Dos nossos corações.

Das nossas emoções!

É assim que resultados melhores aparecem.

É assim que as coisas fluem mais facilmente e com mais alegria.

É assim, emocionalmente forte, que você vive em seu pleno potencial!

Leitura 25

> *Eu sou do tipo que relaxo quando vejo as coisas em movimento.*
> *Quando elas estão andando e progredindo!*
> *Não é ficar parado que me relaxa, pelo contrário, é trabalhar e entrar em movimento!*
> *Se você também for assim, saiba que está tudo bem!*
> *Trabalhar pode ser divertido e relaxante.*
>
> @mariohmeireles

Nem todo mundo relaxa parado, sem fazer nada, dormindo ou sentado no sofá! Não!

Para muitos – lembra-se da sua infância? –, ficar parado é uma forma de castigo!

Precisamos normalizar a ideia de que trabalhar pode ser divertido e relaxante!

É algo pessoal e cada um tem sua personalidade, mas, no meu caso, por exemplo, eu relaxo quando vejo as coisas fluírem.

Se elas não estão fluindo e eu estiver parado, é o que mais estressa!

Se você pensar bem, a Ausência de movimento total em um animal ou ser vivo é a morte!

Então, meta movimento no seu dia!

Leitura 26

"Se você não veio de uma família rica,
estruturada e com valores,

talvez isso o incomode e machuque.

Mas saiba que UMA FAMÍLIA linda,
estruturada, próspera, apoiadora, respeitosa e
com valores incríveis PODE VIR DE VOCÊ!

Acredite nisso e aja de acordo!"

@mariohmeireles

Alguns herdarão casas e propriedades, outros herdarão educação, honestidade e justiça.

Existem ainda aqueles que herdarão tudo isso e muito mais!

Cada um tem sua trajetória!

Agarre, honre e agradeça a sua!

A partir dela, inicie sua transformação!

Pense que você não acaba aqui.

Você "é" seus filhos, seus netos, suas obras, tudo o que deixar como legado!

Ou seja, você é enorme!

Acredite nisso!

Leitura 27

“ *Não se ofenda se amigos, familiares e colegas não se interessarem por seus produtos ou serviços.*

Às vezes eles apenas não são o seu público-alvo!

A MAIOR lição do empreendedor é:
NÃO LEVE A REJEIÇÃO PARA O LADO PESSOAL.

Entenda, agradeça e continue procurando o público CERTO! ”

@mariohmeireles

Do seu ovo de Páscoa à sua loja on-line de roupas ou cosméticos.

Dos seus cursos aos serviços de arquitetura.

Dos fundos de investimento à compra dos imóveis.

Não importa o que você ofereça de trabalho, aprenda a não levar a rejeição de pessoas queridas como uma rejeição pessoal.

A pessoa gosta, considera você um ótimo profissional e entende seu valor, mas apenas não busca o que você está oferecendo.

Agradeça!

Tentar se ajustar a um público que não é o seu pode fazer com que desperdice Milhares de Pessoas que estão buscando exatamente o que você tem para oferecer!

Leia novamente, pois esse pensamento serve para todas as áreas da vida!!

Leitura 28

> “*Magos e bruxas modernos não usam chapéus, barbas, roupas exóticas ou vivem isolados na floresta.*
> *Eles estão em todo lugar!*
> *Bares, escolas, no caos urbano ou com filhos pulando no sofá!*
> *Sem caldeirões e poções, a magia deles resulta da própria ALQUIMIA INTERIOR!*
> *Você conhece algum?*”
>
> @mariohmeireles

Você conhece alguns e talvez nem saiba!

Pessoas que “fazem as coisas acontecerem como se fosse mágica”!

Talvez nem eles mesmos saibam do poder de manifestar os próprios pensamentos e desejos!

Eles estão por aí e não estão usando pernas de sapo, olhos de aranha ou rabo de lagartixa em suas poções.

Estão meditando, sentindo, visualizando, cuidando da sua Alquimia interna e manifestando Quanticamente as coisas!

Esses são os novos bruxos!

Não estão mais isolados ou escondidos.

Estão abertos, expansivos e conectados!

Espalhando magia em todo lugar e transmitindo o conhecimento a todo instante!

Leitura 29

"*Tem gente que vai mentir na sua cara.*
Vai enganá-lo e dizer que não está enganando!
Vai dizer que sim, sendo que na realidade é não!

Tenha fé! Deus acerta todas as contas!

Ninguém sai com lucro ou prejuízo daqui.
Siga em frente e mantenha sua energia alta!"

@mariohmeireles

Dê várias oportunidades para a pessoa lhe falar a verdade! Inúmeras!

A cada uma delas, você está fortalecendo a sua fé na exatidão do balanço divino.

Nada é feito contra você, a pessoa só faz contra ela mesma!

É questão de nível de consciência – DELA – entender isso ou não.

Não altere sua energia nem pela raiva nem pela pena (de ver que gente assim não avança)!

Manter a alegria e a gratidão é questão de inteligência!

Continue perdoando e crescendo!!!

Leitura 30

> “*Oportunidades são raras.*
> *Mas de nada adianta estar no momento certo*
> *e não ter a ATITUDE CERTA!*
> *Chega de perder boas oportunidades.*
> *Chega de perder tempo.*
> *Ponha ação massiva na direção do que você tanto quer!*
> *Cinco anos passam, e passam bem rapidamente!*
> *E daqui a cinco anos a sua vida pode estar TOTALMENTE*
> *diferente se você começar a agir hoje!*
> *Só vai!*”
>
> @mariohmeireles

Todos já perdemos algumas oportunidades boas na vida!

E todos também temos momentos de “lentidão” na nossa história.

Mas, hoje, me “frustro” ao ver pessoas perdendo boas oportunidades!

Elas têm a faca e o queijo na mão, estão com fome, MAS ESTÃO ESPERANDO QUE ALGO OU ALGUÉM VENHA E PREPARE O SANDUÍCHE!

Algumas nem mesmo o sanduíche pronto as coloca em ação, elas querem que alguém as alimente ou ainda MASTIGUE por elas!

Quando você perceber esse padrão em você mesmo, mude!

Crie uma história nova!

Direcione seu barco para um novo rumo!

Cinco anos passam.

Uma faculdade é começada e terminada.

Uma empresa pode ser iniciada e estabilizada.

Um casal pode se conhecer, se apaixonar e ter filhos (no plural).

Uma mudança de país, emprego, cidade...

Se nada mudou nos últimos cinco anos, talvez esteja faltando alguém começar a preparar o sanduba!

Continue perdoando e crescendo!!!

Leitura 31

> *"NADA VAI PRA TRÁS.*
> *NADA REGRIDE.*
>
> *No Universo criado por Deus, apenas amor, evolução e progresso existem!*
>
> *Os tempos difíceis são processos de aperfeiçoar, transformar ou finalizar algo!*
>
> *Numa fase difícil, pergunte-se: no que isso está me transformando?!"*
>
> @mariohmeireles

Até a morte é um processo aos olhos da natureza e da vida. Inevitável e belo.

Como tudo está sempre em evolução e transformação, é importante permitir que a evolução e a mudança aconteçam!

Quando você sai da frente do Universo e permite que ele destrua o que precisa para que seja construído o novo, as coisas acontecem mais rapidamente!

O Universo é rápido!

Às vezes tão rápido que você chama de milagre!

Mas não é milagre, é a ausência total de impedimento energético e físico daquilo que o Universo quer manifestar na sua vida!

Ponha energia naquilo que você quer!

Alinhe isso com o bem do Todo!

Deixe o Universo fazer os ajustes que ele precisa!

O seu resultado será inevitável!

Leitura 32

> “*Mantenha em mente que algumas coisas DEMORAM, EXIGEM PACIÊNCIA, CUSTAM HORAS E EMOÇÕES.*
>
> *Não se preocupe se algo exigirá muito de você, pergunte-se SE VALE A PENA!*
>
> *Um futuro positivo enriquece o presente de energia positiva!*”
>
> @mariohmeireles

Não importa se é difícil!

O que importa é se vale a pena!!

É só o que importa!

Esforço demais em algo que não vale a pena não rende alegria, crescimento, dinheiro, aprendizagem ou contribuição. NÃO VALE a pena.

Ou ao contrário, algo fácil, mas que não lhe cause mudanças na vida ou crescimento pessoal, TAMBÉM NÃO VALE a pena.

Então, a hora é de avaliar se algo lá no futuro, quando realizado, terá valido a pena e fará com que você se orgulhe!

Isso serve para a vida em todas as suas nuances e áreas!

Isso que está exigindo tanto esforço de você, lá no futuro, terá valido a pena?

Se, sinceramente, conseguir responder “sim” a essa pergunta, continue focado na execução!

“

Tem gente que vai gostar de você independentemente dos seus títulos, do seu dinheiro, dos seus cartões, de suas posses, dos carros, das casas e de seus objetos de status!

Tem gente que vai querer estar com você anonimamente, em uma vida só dos dois!

E vai gostar, amar e adorar você!
Exatamente como é!
Com nada além da sua intensa humanidade!
Cuide bem dessas pessoas!
”

@mariohmeireles

Leitura 33

> *"Envelhecer é interessante!*
> *Eu me vejo no espelho e percebo as alterações*
> *no meu corpo, na pele, no rosto.*
> *Mas, curiosamente, me acho mais bonito!*
>
> *Talvez seja porque a Energia não envelhece,*
> *ou aprendemos a apreciar outras coisas.*
> *Não importa!*
> *Quando estamos em crescimento interior,*
> *vemo-nos sempre mais Lindos!"*
>
> @mariohmeireles

Se eu estivesse tomando uma taça de vinho agora, olharia para ele e falaria: "É, nós dois estamos ficando melhores com o tempo", hahaha!

Sou daqueles que, se existe uma roda de senhores e senhoras conversando, já me meto no papo!

Mas, ao mesmo tempo, em mim, há uma energia de exploração e de aventura gigante! Vontade de conhecer tudo e todos.

Viajar o mundo! Como se fosse aos 20!

Toda aquela energia ainda existe!

Aprecie todas as várias facetas da sua existência!

A energia e os sonhos de garoto, os gostos e os prazeres dos senhores, e o dinheiro que fica no meio dos dois extremos (risos)!

Divirta-se! Crie uma relação assim com o espelho e com você, contemplativa e orgulhosa de toda a trajetória!

Você está mais lindo hoje!

"*Valorize os pequenos progressos.*

Pode ainda não ser o ideal, mas:

se fechou com mais um cliente,
leu mais 10 páginas,
fez um dia a mais de academia,
eliminou um quilo indesejado ou
poupou 100 reais a mais,
comemore! Festeje!

Todo grande avanço começa pequeno!!
E mais importante, a vida gosta de festa!"

@mariohmeireles

Leitura 34

“*Não é inteligente tentar pegar uma faca enquanto ela está caindo! Isso, analogamente, vale para pessoas, situações, problemas, desafios etc.*

Às vezes é melhor deixar cair, passar, desmontar, ir embora...

Assim, com Clareza e Segurança, você pode escolher novos caminhos!

Nem toda luta vale a pena!”

@mariohmeireles

Algumas lutas só trazem mais machucados e prejuízos.

Aprenda a deixar ir.

Aprenda a deixar acabar.

Aprenda a esperar e a observar.

No final, isso significa proteger sua energia e poupá-la para que tenha forças para se recompor e seguir numa nova direção com clareza e segurança!

Isso também é sabedoria e prova de fé!

Aproveite para fazer uma reforma em toda a vida!

Leitura 35

“*Alguns aspectos das relações que fazemos pela vida nos permitem fazer uma analogia com um navio!*
Existem pessoas que são Carga e outras que são marinheiras.
Ambas são importantes!
Marinheiros ajudam na viagem.
Cargas dão propósito para ela.

Aprenda três coisas:
1. a diferenciar cada uma;
2. a conhecer seus limites de carga;
3. e a saber quais os melhores marinheiros para os tempos difíceis!”

@mariohmeireles

“Livre-se da carga”. Você pode ouvir por aí.

(Aliás, eu mesmo já pensei assim).

Hoje, entendo que muitas das pessoas que “carregamos” trazem consigo uma missão ou um aprendizado!

Afinal, um navio é feito por causa da carga que ele precisa transportar! Está aí a missão dele!

Logo, querer só ter marinheiros ajudando, sem ter uma carga para transportar, é um desperdício de vários recursos!

É como se houvesse muita gente apoiando-o de todas as formas e você não fizesse nada com isso!

Seria melhor que elas apoiassem alguma outra pessoa que multiplicasse a ajuda na forma de mais ajuda a outras pessoas...

É importante saber entender seu navio.

Ele pode carregar muita carga com poucos marinheiros em mares calmos e a curtas distâncias.

Mas, em alguns momentos de mares revoltos e agitados, talvez seja melhor você se concentrar na carga prioritária. Aquela que não pode ser deixada em qualquer lugar e PRECISA que você a carregue!

Foque também nos marinheiros que mais ajudam!

Afinal, marinheiros que não ajudam TAMBÉM SÃO CARGA!

E em corações bondosos como os nossos, não existe abandono de carga.

Você voltará para transportá-la.

Apenas fará isso no momento certo.

Nas condições certas.

Primeiro cuide da carga prioritária.

Mantenha seu navio equilibrado.

Defina bem as condições ideais para cada momento.

E vá!

Ajude a transportar toda a carga de que precisa.

Afinal, você é um navio abençoado com a ajuda dos marinheiros mais incríveis e um propósito de levar bastante carga para os melhores lugares!

Leitura 36

"*Tire um tempo hoje para elogiar alguém que você sabe que está trabalhando duro e se puxando ao máximo!*

Esteja ela trabalhando para ser alguém melhor, construir uma família, um negócio ou um sonho...

Você não imagina como uma 'pequena mensagem' nutre a alma!"

@mariohmeireles

Empreender é solitário. Você está a uma decisão de explodir seu negócio (positiva ou negativamente!).

Quando falo em empreender, pode ser no sentido pessoal.

Alguém empreendendo uma luta contra vícios.

Empreendendo a favor do seu casamento.

Empreendendo na construção de seus sonhos.

Na saída das dívidas.

Empreendendo em si mesmas!

Elogie essa pessoa!

O seu elogio se torna combustível!

Quando alguém desiste dos próprios sonhos, TODOS nós perdemos!

Hoje é dia de elogiar alguém que está empreendendo, inclusive – e principalmente – se essa pessoa for você!

Leitura 37

"*Você não precisa acreditar em Magia,*
Cocriação, Manifestação...
Querendo ou não, você já é Magia
manifesta e criada pela fonte!
O que você precisa, agora, é acreditar em você!
Acreditar em si mesmo é a maior das magias."

@mariohmeireles

Albert Einstein disse a seguinte frase: "Só há duas formas de ver a vida: uma é como se milagres não existissem, e a outra é como se tudo fosse um milagre".

O entendimento do gênio é de que o que chamamos de milagre apenas é um processo natural para o Universo e algo incompreendido por nós!

Por não sabermos explicar, atribuímos ao Divino e ao Universo!

A natureza da realidade é a magia. O milagroso. O inexplicável!

Portanto, você, como parte desse todo, é igualmente criado e manifesto pela Magia! Você é o próprio ser mágico!!

Acredite nas leis do Universo.

E, inexoravelmente, estará acreditando na criatura criativa mais poderosa que existe: VOCÊ!

Leitura 38

"*Algo FUNDAMENTAL a se aprender é a habilidade de DESCANSAR EM MOVIMENTO!*
Algumas coisas a gente não pode simplesmente parar, mas podemos:
1) gerenciar o ritmo;
2) encontrar alegria e diversão;
3) ajustar a execução.

Hoje, pergunte-se: o que eu faço para descansar em movimento?"

@mariohmeireles

Estamos TODOS, sem exceção, exaustos.
Além disso, não podemos simplesmente PARAR.
Temos responsabilidades, contas, salários para pagar...
Fornecedores contam com nosso compromisso e clientes contam com nossas entregas.
Parar NÃO é uma opção!
Uma ótima analogia é fazer como faz um belo carro de fórmula 1.
Em alguns momentos, está com toda a potência dos motores, e em outros, reduz, faz curvas, muda a marcha ou o traçado!
Mesmo em máxima performance, você ajusta a sua corrida.
Não é sobre parar, é sobre descansar em movimento!
Eu tenho algumas estratégias para isso:
Ligo música.
Faço pausas a cada uma hora, uma hora e meia.
Tento rir durante as ligações e mensagens para aliviar o estresse e liberar hormônios positivos.
Faço uma caminhada.
E, claro, me alimento bem.
Você pode continuar produzindo mesmo com toda a tensão e o pesar do momento!
Hoje, assuma o controle da sua própria corrida!

Leitura 39

"Às vezes, você precisa entrar no
casulo e ficar lá por um tempo.
Ficar lá até se reconstruir.
Ficar lá até se compreender.
Ficar lá até suas asas ficarem fortes o
bastante para você sair e voar pelo mundo!
O casulo muitas vezes nos assusta...
Não por ele em si, mas pela mudança que
sabemos que encontraremos dentro dele!"

@mariohmeireles

Sabe aqueles dias que você quer sumir?

Não se assuste, pois eles fazem parte da vida!

São necessários instrumentos de cura!

Uma ferida não se cura de um dia para o outro, o mesmo acontece com nossas emoções!

Sem tempo para você, não há como encontrar energia para mudança, energia para uma nova realidade!

Portanto, comece a considerar o casulo como seu amigo.

Entre com a intenção de sair curado!

Entre com a intenção de mudar as coisas!

Entre com coragem!

Saia com mais coragem ainda!

E, inexoravelmente, estará acreditando na criatura criativa mais poderosa que existe: VOCÊ!

Leitura 40

“Às vezes você quer crescer, mas se sente travado.
As coisas não fluem como você gostaria.
Observe se não é hora de mudar de lugar,
cidade, país, casa, relacionamentos,
carreira, sócios, mentores...
Assim como as plantas, somos
limitados pelo tamanho do vaso!
Plante-se onde caibam os seus sonhos!”

@mariohmeireles

Tem que estar alinhado e ser coerente!

Um sonho gigantesco não condiz com atitudes medianas!

Se o que você está fazendo – o veículo – que você escolheu para realização dos seus sonhos, não pode entregar financeiramente o que você quer, não adianta insistir!

A mesma coisa com as pessoas!

Se as pessoas ao seu entorno não são o que você espera, precisa ou quer, não adianta continuar nesse mesmo vaso!

Encontre novos lugares para se plantar e novos resultados virão!

Comece em uma nova área, comece em novos mercados, comece com novos parceiros que possam trazer o que você busca para sua autorrealização!

Você é livre para escolher como, com quem e de que maneira viverá sua vida!

É você quem escolhe o vaso!

Leitura 41

*"Crianças são verdadeiros remedinhos ambulantes!
Devolvem-nos a inocência, a criatividade, a
alegria, a vontade de sonhar e de se divertir!
Curam em nós todo o peso da rotina
de trabalho e dos desafios!
Se uma criança chamar a sua criança
para brincar, jogue-se no playground!"*

@mariohmeireles

"Desce pro play" e leve todo seu arsenal de brincadeiras! :-)

Quando o Rafa sai daqui de casa, fica uma bagunça boa! Bagunça de um lugar que teve um furacão de diversão. Muitas vozes, muitos gritos, muita vibração etc.

É gostoso encontrar cartas e peças dos jogos nos dias seguintes espalhadas e perdidas pela casa.

Essa energia fica com a gente por muitos dias.

Percebo com nitidez, em minhas conversas e energia, o impacto positivo que existe em se conviver com uma criança!

Cura-nos a seriedade e a sobriedade estar com uma criança!

São remédios!

Não estou falando, necessariamente, sobre serem seus filhos, são as crianças em geral. É a energia da infância! A energia da inocência!

Quando estiver com alguma, deixe a sua criança ir brincar também! Divirta-se, mude a voz, faça-se de bobo, entregue-se!

Muitas vezes, o nosso lado infantil é o nosso melhor lado!

Leitura 42

“O mundo está dividido. Polarizado e com
pessoas brigando por várias questões!
Levemos a mensagem de que a divisão é uma mentira!
Uma ilusão! Distração!
Viemos do e voltaremos para o MESMO LUGAR!
Somos uma coisa só!
NÃO SE ENGAJE EM ATITUDES DE BAIXA VIBRAÇÃO!”

@mariohmeireles

Não é possível acreditar no pensamento quântico e, ao mesmo tempo, desaprovar algum pedaço da criação!

Se Deus (ou a fonte, o universo, a vida etc.) é perfeito E TAMBÉM criador de toda a realidade, NENHUM PEDACINHO (ou criação divina) é falha!

Gosto de trabalhar isso e discutir essa percepção ampliada.

Não é apenas sobre “não julgar”, “não condenar” etc.

(É óbvio que existem coisas abomináveis nesta terra que contrapõem esse raciocínio).

Mas é, sim, sobre elevar a sua própria vibração e, coletivamente, criarmos realidades mais refinadas!

Essa é a oportunidade que temos quando vemos algo que nos desagrada (ou que se opõe a nós): a oportunidade de apreciar e se reconciliar com o Todo.

AFINAL, SE ALGO EXISTE, É CRIAÇÃO DO MESMO CRIADOR QUE O CRIOU.

Esse é o paradigma difícil de mudar.

Esse é o paradigma que o Universo insiste em nos jogar na cara – na forma de opiniões e ideias contrárias – para que possamos acolher e ampliar nossa visão de mundo.

Ampliar nosso entendimento para que deixe de ser unilateral e passe a ser unificado. Englobando os dois (ou mais) aspectos.

Pois no TODO – DEUS – NÃO HÁ DIVISÃO!

Esse é o próximo passo de evolução coletiva que se dará quando os indivíduos, em suas realidades, se encaminharem na direção desse entendimento amplificado e unificado (reconciliado) da realidade.

Leitura 43

"Existe alguém que vai amá-
lo do jeitinho que você é.
Com seus defeitos, seu passado, seus
filhos, seu corpo, cabelo, sorriso, voz...
Por isso, mantenha-se íntegro ao que
você é e não crie versões adulteradas!
Um amor sincero começa com a
sua sinceridade de SER!"

@mariohmeireles

Integridade. Senão o relacionamento já começa na mentira!

Enganando, mesmo que com a boa intenção da conquista, utilizando objetos de status, sedução, exibicionismo etc.

Um amor sincero só pode ser construído por pessoas que sejam sinceras sobre elas e sobre suas vidas.

Do contrário, como haverá a cura entre os dois?

Como haverá crescimento e evolução dos indivíduos dentro da relação e do próprio casal?

É um contrassenso achar que o que começa como um teatro possa se tornar algo além disso. Possível, mas é um esforço que pode ser evitado.

Comece com a verdade e assim você atrairá alguém que ame você de verdade!

Você merece alguém que admire, confie e aposte em você!

"*Já caiu na armadilha de fazer algo esperando*
a aprovação de alguém e a pessoa não lhe
dar nem obrigado nem parabéns?
Sejam nossos pais, amigos, namorados,
filhos, colegas de profissão...
Pois é!
Como diriam antigamente: "ninguém mandou!".
Aprenda com isso!
Levante a cabeça!
Não leve para o lado pessoal e siga o jogo!

Existe uma força que tudo sabe, tudo vê e, com
toda a certeza, reconhecerá todos os seus esforços!"

@mariohmeireles

Leitura 44

> “*Em dias difíceis, saiba que tudo feito com amor-próprio pode ser terapêutico!*
>
> *Uma caminhada, um bom banho, dormir, preparar uma comida, escutar música, CONVERSAR com um bom amigo, ler, assistir a filmes alegres.*
>
> *Até não fazer nada, se for com a intenção certa, se torna curativo!*
>
> *O amor-próprio sempre cura!*”
>
> @mariohmeireles

O que o cura?

Tomar sol, dormir, mergulhar no mar, orar...

Cada um tem seu ritual!

É importante conhecer os próprios rituais e processos, assim podemos sempre recuperar a energia e o ritmo no nosso dia a dia!

Afinal, dias difíceis chegam para todos!

Não é sobre a não existência deles, e sim sobre como você os recebe e processa para sua própria cura!

Leitura 45

"Você vai crescer, mudar e evoluir!
Vai conquistar títulos profissionais!
Pode até ganhar dinheiro e reconhecimento.
Mas...
Os seus "inimigos" sempre lembrarão dos seus
podres, de suas falhas e de seus defeitos...
Não gaste energia tentando provar o contrário!
Explore novos lugares, faça novos círculos sociais!
Conheça gente nova!"

@mariohmeireles

Conheça gente nova!

Pessoas com quem possa ser você em sua nova e melhorada/mudada versão!

Você terá amigos para a vida inteira!

E GARANTO que alguns desses amigos você ainda nem conheceu!

Tirar o foco do passado permitirá a você criar o futuro que tanto deseja!

É lá que passará o resto da sua vida!

Leitura 46

"Pais, quando seus filhos se comportarem mal e fizerem algo "inapropriado", não brigue como se ELES fossem os errados, feios, inaceitáveis. Deixe claro que a AÇÃO, o COMPORTAMENTO que é o inadequado ou não aceito. Você está os ensinando a, no futuro, lidar com críticas e rejeição sem levarem para o lado pessoal!"

@mariohmeireles

Talvez isso sirva para nós repensarmos algumas coisas na vida adulta e no modo como lidamos com a rejeição.

A carência que temos hoje e a necessidade de aprovação nascem do medo de não sermos amados.

Logo, nosso comportamento perde a espontaneidade, pois temos medo de errar (associado ao medo de não sermos amados).

DISSOCIAR a ação e a pessoa (principalmente na fase de aprendizados e muitos erros da infância) vai fazer a criança entender: EU SOU AMADA, o que EU FIZ não é.

Isso a manterá segura de que não será largada pelos pais.

Manter-se-á ciente de que pode errar e experimentar coisas novas, e que alguns comportamentos não são bem-vindos ou aceitos!

Leitura 47

"Seja nos negócios, seja na vida pessoal, algumas situações o decepcionarão e partirão seu coração.

Ao mesmo tempo, as mesmas situações lhe darão um choque de realidade, consertarão sua visão e ajustarão sua conduta!

Quando se tem fé inabalável no resultado final, até um problema grave é parte do caminho!"

@mariohmeireles

Se você tem CERTEZA de que chegará lá, até os problemas farão parte da história!

Porque fé inabalável é isso!

É olhar para algo que está TOTALMENTE fora do planejado e entender que isso era necessário!

Falo por experiência própria!

Você não sabe o caminho que o Universo lhe dará para alcançar seu objetivo.

Esse não é seu trabalho.

Seu trabalho é manter firme a visão do que se quer, a fé de que receberá e a consistência na busca.

Leitura 48

> *“Quando você estiver sofrendo por não conseguir perdoar alguém, trabalhe em perdoar PRIMEIRO a si mesmo por não conseguir largar a questão, por se causar ressentimento e dor! Somente quando conseguir se perdoar será possível perdoar qualquer outra pessoa! Comece por você!”*
>
> @mariohmeireles

Dentro de nós, lá no fundo, temos essa percepção de que somos responsáveis pelas coisas que nos acontecem.

Mesmo se formos traídos, ou alguém nos trapacear, no final, foi escolha nossa confiar, acreditar, investir e aceitar tal pessoa.

Corremos um grande risco de, inconscientemente, nos culparmos e ficarmos com raiva de nós mesmos!

Ficamos bravos pelo tempo perdido.

Ficamos nos sentindo burros, idiotas...

Ficamos irritados por termos nos permitido se enganar...

Claro, cada caso é um caso e vale a pena olharmos
com carinho para o nosso.

Porém, no final, todas as situações caem em um ponto
semelhante, que é o autoperdão.

É como você lida com seus próprios erros.

É como você aceita a si mesmo e suas próprias falhas.

É o nível de amor próprio que você tem para que essas questões não continuem tirando a sua ousadia nem impedindo o seu voo!

Erramos. Dizem que é humano!

O perdão, contudo, é espiritual!

Entenda, mude, perdoe e cresça!

Perdoar tornará qualquer erro em lição!

Leitura 49

"É quando algo dá errado que eu percebo quem torce por mim.

Existem os que falam 'Sinto muito'. E existem os que falam 'Eu sabia!'.

Algumas pessoas têm TANTA necessidade de estarem certas que são capazes de (conscientemente ou não) torcer contra seus projetos para elas se sentirem bem! Atenção na hora de escolher com quem dividir os seus projetos!"

@mariohmeireles

Uma pessoa negativa ao seu lado pode tirar sua ousadia.

Pode reduzir ou limitar a sua ambição e a sua vontade de arriscar e se jogar em coisas novas!

Pode acabar com sua mudança de vida, com sua persistência e sua resiliência!

As pessoas que você tem ao seu lado podem elevá-lo ou derrubá-lo.

Você pode acabar acreditando nos limites que elas mesmas têm a respeito delas e acreditar nas mesmas dificuldades que elas enxergam!

Tenha MUITA atenção, muito cuidado e ainda muito mais energia para continuar acreditando na visão que você tem de si mesmo e nos sonhos que você quer construir na sua própria vida!

Leitura 50

"*Você não atrai gente de energia alta para a sua vida ou para os seus negócios se você estiver com a energia baixa.*
Isso viola as leis do Universo!
Volte a meditar, orar, se cuidar, exercitar, A DAR RISADA e a levar as coisas no alto astral.
O sucesso externo nasce do sucesso interior!
É A LEI!"

@mariohmeireles

É uma lei. Acredite ou não, elas operarão segundo o princípio da justiça. Ou seja, PARA TODOS NÓS!

Quando os romances estiverem travados, observe isso.

Quando os negócios estiverem enfrentando dificuldades, observe isso também!

Se a sua saúde e o seu corpo já não estão na melhor forma, observe isso atentamente!

Se você, com você mesma, não estiver bem, a lei está sendo violada de alguma forma!

Internamente, estamos no controle.

Internamente, podemos mudar o jogo e o significado das coisas que nos acontecem!

Internamente, podemos ser bem-sucedidos, felizes, alegres e saudáveis.

Internamente, podemos ser tudo!

E esse "Universo interno" é a semente de um Universo externo semelhante!

Leitura 51

“*Todos já tivemos boas vitórias pessoais!*
Talvez tenha sido a vitória sobre uma doença.
Uma vitória sobre a timidez, a vergonha, a culpa.
A superação do término de um relacionamento.
A superação de uma demissão, dos medos etc.
Relembre sempre de suas vitórias!
Nos períodos desafiadores, elas o
lembrarão de suas maiores forças!”

@mariohmeireles

Você tem forças e qualidades que a maioria das pessoas nem imagina!

Já venceu batalhas interiores que, se os outros soubessem, talvez o taxassem de mentiroso!

Teve conquistas das quais se orgulha mesmo que ninguém saiba!

Sucessos íntimos e secretos que nutriram sua alma nos momentos mais sombrios!

Tenha-os em mente!

Reforce-os sempre!

Para que, nos dias de decisões e de mudanças drásticas, você seja o PRIMEIRO A SE LEMBRAR das suas forças e qualidades!

Leitura 52

> “*Ter ‘muita coisa em comum’ NÃO*
> *SIGNIFICA ter ‘tudo a ver’ com alguém!*
> *Vocês podem não ter ABSOLUTAMENTE*
> *NADA em comum e TER TUDO*
> *A VER um com o outro.*
> *Tudo a ver vai além! É soma, adição!*
> *Não se trata do que se faz fisicamente,*
> *e sim do que se é energeticamente!*
> *O tudo a ver a gente SENTE!*”
>
> @mariohmeireles

Pode ser uma armadilha!

Quando estamos focados no plano físico, corremos o risco de procurar pessoas que são semelhantes.

Que fazem as mesmas coisas.

Que visitam os mesmos lugares!

Usam as mesmas roupas, marcas etc...

A armadilha é que deixamos de procurar pessoas que SENTEM o mesmo que nós sentimos.

Que SONHAM, VIBRAM, ANSEIAM e ALMEJAM o mesmo que nós!

O que fazemos (no sentido de rotina e hábitos) é condicionado à sociedade, à cultura, às finanças, à FASE DA VIDA etc...

Se criarmos amizades e relacionamentos apenas com base nos aspectos físicos do Ser, estaremos – inevitavelmente – criando relações momentâneas!

Afinal, o físico muda o tempo todo!

Ao criarmos relações apoiadas nos entes, no íntimo de cada um, temos relacionamentos duradouros!

Afinal, é nesse ponto que somos perenes, constantes e convergentes uns com os outros!

Desejo-lhe mais amizades e amores de alma!

"Nunca sabemos quando será o último post, a última foto, o último abraço, a última mensagem... Por isso, a devoção, o carinho, a gentileza e a sinceridade são tão importantes! Elas garantem paz de espírito para você e todos os que cruzam seu caminho! Essa paz nasce da certeza de que deixamos o melhor de nós em cada passo que demos nessa caminhada pela vida!

Nesta semana, coloquemos bondade no Agir e no Ser!"

@mariohmeireles

Leitura 53

*"Como seu filho se sentiria se você falasse:
'Queria viajar o mundo, mas você nasceu e não deu mais!'
'Não acho um amor, pois ninguém quer alguém com filho!'
'Queria mudar de trabalho, mas com filho não dá!'
Não faça deles seus escudos para não enfrentar seus medos!
Faça deles o seu MOTIVO para avançar!"*

@mariohmeireles

CADA CASO É UM CASO, e só você pode saber honestamente qual é o seu!

Eu tenho como referência a minha mãe, que não apenas nos deixava em casa para trabalhar em dois empregos e estudar, como também encarou uma mudança de país e deu a maior aula de vida para todos nós!

É óbvio que sentimos saudades.

Tentamos também nos falar sempre que possível!

Mas o exemplo é forte!

O exemplo de que o mundo é um lugar a ser conhecido, explorado e estudado!

Seguro!

Pessoas são boas!

E está sempre nas nossas mãos fazer (se fizer sentido) uma mudança completa de trajetória!

Que nossos filhos se sintam como força e combustível para nós, e não como pesos, gastos e atrasos.

Fortaleçamos as emoções deles e as nossas.

Reforçando nossa capacidade criativa de mudar nossa história!

E nossa liberdade de tomarmos o mundo como nosso!

Mantenham-se avançando e crescendo!

Para o seu próprio bem e para o bem deles!

Leitura 54

*“Todos temos batalhas silenciosas,
solitárias e secretas!
Agora, você pode encarar seus resultados
como VITÓRIA, LIÇÃO ou DERROTA!
Tudo vai depender do que você acredita
sobre a vida e o mundo! Vai depender
também do seu estado de espírito!
Olhe para tudo com fé!
A fé fará você enxergar tudo como progresso!”*

@mariohmeireles

Com fé, você enxerga apenas progressos.

Afinal, você confia tanto que seu sucesso é infalível que passa a acreditar que tudo o que acontece a você NÃO APENAS É NECESSÁRIO, como também é parte da construção do seu caráter e de sua personalidade para a vitória!

Se seu sucesso é infalível e você tem fé interior SÓLIDA, por que você se preocuparia?

O que tiraria o seu sono?

O que tiraria o sorriso do seu rosto?

Absolutamente nada!

Então, enfrente suas batalhas, seus medos e suas aflições com fé!

Confiante! Alegre!

Enxergue que neste Universo não há nada errado, há apenas lições!

Manter a fé fará você ver qualquer resultado como uma vitória!

Leitura 55

"Faça listas:
O que quero neste mês?
O que quero melhorar em mim mesmo?
O que priorizarei?

Acredite no seu poder de realização!
O futuro que você quer viver é construído hoje!
Ouse acreditar!"

@mariohmeireles

Ouse acreditar! Ouse verbalizar o que você quer!

Ouse desejar melhorar e não se acomodar por nada menos do que você merece!

Você é do bem! Ético! Íntegro! Honesto! Generoso!

Tenha claro que esses valores são muito admirados pelas forças sutis mais elevadas e são altamente recompensados!

Continue mantendo sua linha reta e seguindo seu caminho interno de crescimento!

Vai dar certo!

Leitura 56

"Relacionamentos não são (apenas) sobre encontrar alguém que VOCÊ ame e admire. Também NÃO SÃO (apenas) sobre encontrar alguém que o ame e o admire. São sobre encontrar alguém que ajude VOCÊ a amar e a admirar a SI Mesmo!

Amor de verdade ajuda na construção de seu amor-próprio!"

@mariohmeireles

Se você está se amando mais, então é um relacionamento construtivo!

Se você está mais centrado, criativo, orgulhoso de si próprio etc., é um relacionamento positivo!

Muito além do sexo vai um relacionamento!

Você vai encontrar alguém que o apoie a cumprir seu próprio papel nesse teatro da vida!

Esse é um relacionamento alinhado com o todo!

Requer pessoas maduras e emocionalmente seguras para isso!

Quando acontecer, você entenderá!

Leitura 57

“Ok. Agora, você é adulto e ninguém mais manda em você!
Você escolhe com quem anda, o que come, aonde vai, quando dorme e seu trabalho.
Você tem sido maduro para lidar com toda a liberdade e o livre arbítrio que a vida lhe deu?

Toda mudança segue a mesma receita:

Sinceridade na resposta > Novos hábitos > Fé > MUDANÇA!”

@mariohmeireles

Você se lembra de quando queria poder fazer o que quisesse?

Então! Pronto!

Você que faz as compras, escolhe as comidas, os hábitos... Amigos, profissão etc.

O bom é que, caso você não esteja gostando, PODE DECIDIR MUDAR!

Pode optar por escrever uma nova história! Todos os dias!

Seja sincero sobre seus resultados e sobre o que você faz que o levou para onde você está!

Você sabe exatamente como chegou aonde quer que esteja agora!

Depois, se for o caso, decida radicalmente mudar!

Sinceridade é a base da mudança!

Leitura 58

"*Todos os dias, a cada palavra, ação, gesto e decisão que você toma, você molda o seu futuro! Inevitavelmente, provando que estamos juntos nessa, suas decisões também mudam o futuro dos outros.*
DE TODOS OS OUTROS.
Logo, desejar o bem do outro não é apenas nobre. É inteligente!"

@mariohmeireles

Fazer bem ao "outro" é fazer bem a pedaço do Todo, do Universo!

E, olha, o Universo retribui demais!!!!

Logo, desejar a vitória do outro é um ato rebelde de amor-próprio!

Pois amar o outro é amar a si.

Demora um tempo para a chave virar e você perceber que não há "outros".

O Universo é tão rápido em lhe devolver os atos de generosidade que, se você estiver atento, finalmente entende a equação!

Não tenha medo da generosidade.

De doar.

De acreditar!

De levar o bem e as boas energias.

De levar alegria!!!

O Universo sente seu movimento positivo e lhe dá ainda mais!

Mas tem que ser honesto. Sincero!

Não dá para "barganhar" com o Universo!

Pela lei da atração, se você der algo barganhado, de forma condicional – dou-lhe se você me der –, as COISAS VIRÃO PARA VOCÊ DESSA FORMA!

Se você for chantagista, as coisas virão na chantagem. Se você for caloteiro, Universo lhe dará calote.

As coisas não acontecem COM você, elas acontecem ATRAVÉS de você!

Como você dá é como você recebe!

Seja amoroso, deseje e apoie o bem, queira honestamente a vitória de todos e assim o será contigo!

Leitura 59

“Respeito é algo que, muitas vezes, você terá que impor!

Existem as pessoas folgadas.
Existem outras que ignoraram suas necessidades.
Há também os acomodados, que querem que você os carregue...

Imponha-se!
Mas mantenha a compaixão e a generosidade!
De uma maneira ou de outra, o Universo sempre lhe paga!”

@mariohmeireles

Faça como um ato de amor!

Imponha-se para o benefício do outro!

Ele, em sua inconsciência, não entende que, se focar em COPIAR, o Universo o fará cada vez mais um copião!

Sua imposição pode chamar a atenção para que ele perceba seu poder interno e que, pelas leis universais, se ele colocar a atenção em CRIAR, mais e mais “criatividade” virá para ele!

Na sua jornada individual, falar ou não falar não muda seus resultados.

Mas o fato de ajudar alguém sim.

Claro, e isso é muito importante, sempre depende da nossa honestidade e da PUREZA de intenção!

Seja sincero e mantenha-se generoso!

Cada um tem sua própria curva de aprendizagem e o seu próprio ritmo nesta jornada!

"*A melhor forma de tomar boas*
decisões é cuidar do seu
estado psicoemocional!

Boas emoções —> boas decisões!

Como cada decisão muda toda a sua vida,
leve a sério o cuidado consigo mesmo.
Caminhe, mude o contexto, trabalhe,
livre-se da culpa e do ressentimento!
Cuide da saúde, dos pensamentos, da autoestima,
do senso de merecimento e da autoimagem.

A qualidade das suas decisões vai
melhorar sensivelmente!
E uma boa decisão muda tudo!

Aperte os cintos.
Você vai voar!"

@mariohmeireles

Leitura 60

"Para melhorar o relacionamento com seus pais, basta aprender a apreciar a si mesmo e a própria vida. Afinal, quando você se sente grato por vivê-la, inevitavelmente se sente grato àqueles que o trouxeram e criaram até a vida adulta! Todo ato de apreciação da própria vida melhora nosso relacionamento com nossos pais."

@mariohmeireles

Você está bem consigo mesmo?!

Quando, em meus atendimentos, percebo dificuldades no relacionamento com a mãe, logo entendo as dificuldades em outras áreas!

Por mais racional que sejamos, temos um inconsciente MUITO forte condicionando comportamentos e crenças.

Se não tivermos coragem de abrir essa caixinha para rever algumas coisas e trabalhar essas questões, pouco avanço consciente será feito!

E todas as áreas da vida estão conectadas.

Se eu estou sofrendo na vida, inconscientemente fico bravo com quem me trouxe até aqui e disse: "Se vira"!

Logo, quando há falta de gratidão com os pais, eu investigo se a autoestima da pessoa está boa.

Quero saber se a pessoa está feliz consigo mesma etc...

Às vezes, conscientemente ou não, culpamos nossos pais pelos nossos fracassos.

"Não me deu isso, nem aquilo, nem aquilo outro... Tratava-me assim e assado... Nunca fez isso ou aquilo...!"

Sem muitas vezes pensarmos que eles mesmos talvez não tivessem nada do que exigimos também, portanto, têm as mesmas dores que nós.

Como eles não souberam curá-las, não souberam nos ensinar a fazer o mesmo!

Reestabeleça a relação com sua mãe e seu pai.

Isto vai restabelecer sua relação com a vida!

Pode ser trabalhoso, mas vale a pena!

*"Pessoas destroem seus projetos,
relacionamentos, estudos e avanços...
Destroem de forma sutil, quase que
de maneira imperceptível.*

*Elas destroem sua energia com
medos e ideias limítrofes:
'Dá trabalho! É impossível! Pra quê?! E se
não der certo? Você vai perder tempo...'*

*Tape os ouvidos!
Siga em frente!
Escute seu coração, Deus, e ninguém mais!"*

@mariohmeireles

Leitura 61

> *"De duas uma, ou você olha para a semana e celebra, ou olha e percebe que poderia ter se puxado mais!*
> *Você é 100% sua responsa!*
> *Puxe-se!*
> *Acredite que, neste Universo de infinitas possibilidades, existe uma versão sua que vence no final!*
> *Vence forte!*
> *Vai na fé!*
> *A vida gosta de festa!"*
>
> @mariohmeireles

A vida gosta de festa! Gosta de ver seu espírito radiante, seu rosto sorrindo, seu corpo se movimentando!

Gosta de música, de dança, de alegria!

Gosta de felicidade nos corações e do canto nas gargantas!

A vida quer que você festeje! Festeje a si, festeje os outros, festeje a vida em si...

Mas sua vida é sua responsa!

É você que causa sua própria alegria, sua própria tristeza, sua própria dor!

Então, te puxa!

Puxe-se para criar a vida que lhe faça olhar e comemorar!

Que lhe dê orgulho próprio!

A vida gosta de festa!

Crie sempre motivos para festejar ainda mais!

Cada um tem sua própria curva de aprendizagem e o seu próprio ritmo nesta jornada!

"O universo não demora.
O que acontece é isto:

1) Você tem dúvidas; e
2) Pergunta para o Universo!; daí
3) Ele manda 358 sinais por todos os meios possíveis, mas...
4) você FINGE que não vê!

Quando você perguntar algo para o Universo, acredite na resposta!

Vai sem medo.
Deixe-o surpreendê-lo!"

@mariohmeireles

Leitura 62

"Pra hoje:
O UNIVERSO NÃO ACEITA DÍVIDAS!
Não tem essa de 'QUANDO eu tiver o que quero
serei generoso, grato, alegre e feliz...'. NÃO!
Aqui, PRIMEIRO VOCÊ paga e DEPOIS leva!
PRIMEIRO VOCÊ faz, agradece e
acredita, DEPOIS você recebe!
E não tem chororô!
O Universo é muito justo para lhe fazer fiado!"

@mariohmeireles

Você recebe o que deu! Colhe o que plantou etc.

Mas o primeiro passo é seu. Não era você que queria liberdade? Está aí!

Inicie os movimentos na sua vida!

Pode chorar, espernear, gritar..., mas o Universo é justo!

Se há tanta gente trabalhando, acreditando e batalhando, por que com você teria que ser diferente?

Por que você quer que seja diferente contigo?

Quer se sentir especial? Mais amado?

É manha, mimo, pirraça?

Seria injusto com os demais.

Aqui, primeiro você paga!

Faz, acredita, investe, sonha, tenta, busca... etc.

DAÍ DEPOIS (e somente depois) você recebe!

Não existe fiado por aqui!

A vantagem é que o Universo é um excelente pagador!!!

Excelente!

Leitura 63

> "*Hoje, coloque como meta VENCER quem*
> *está fazendo-o PERDER!*
> *Vencer o Medo e operar no Nível da Paixão!*
> *Vença o medo da Mudança!*
> *O medo de se desfazer da sua vida atual e começar uma nova!*
> *O medo de amar, errar, aprender, se vergonhar...*
> *A vida começa quando você vence o medo!*"
>
> @mariohmeireles

Comece a operar a forma como você leva a vida no MODO da coragem! No modo do AMOR! No modo da entrega! No modo da força!

Viver no medo não é viver!

Para se viver plenamente, é preciso perder o medo de se abrir.

Conhecer gente.

Perder o medo de mostrar suas vulnerabilidades, de se expressar e ser você!

Não há como mudar sua vida sem se desfazer dessa sua vida atual!

Você pode L-I-T-E-R-A-L-M-E-N-T-E desmontar sua vida e recomeçar!

Em uma nova cidade, nova profissão, nova carreira etc.!

Já fiz algumas vezes esse mesmo movimento e aprendi que só trouxe crescimento!

Mudei de trabalho. De área profissional. De empresa. De cidade...

Uma vez que você aprende o processo e começa a REFINÁ-LO, você fica corajoso e já não tem mais medo de nada!

Pode dar tudo errado, mas você estará lá! Sólido e forte!

Não viva na inércia!

Ajuste seu jogo.

Organize suas ideias!

Pegue suas coisas e avalie o que fica ou não na sua próxima vida!

Os anos passarão de qualquer modo! Cinco, dez, quinze...

Use-os para construir felicidade.

Leitura 64

"Existem dias difíceis sempre!
Problemas difíceis, pessoas difíceis, notícias difíceis...
EMOÇÕES DIFÍCEIS!
Mas lembre-se!
Todas essas dificuldades têm duas coisas em comum:
1) Carregam uma lição importante;
2) TESTAM A SUA FÉ!
Foque no futuro!
Aprenda a lição!
Vença o teste!"

@mariohmeireles

Você vai ser testado todo santo dia!

Vai ser ensinado todo santo dia!

A vida não perde tempo, nem lição!

Uma vez que a evolução é um fenômeno individual constante, de você estará sempre sendo exigido o crescimento!

Vai ser arrastado de lado a lado para se expandir!

Esse processo doloroso faz parte da sua jornada!

Continue em frente!

Coragem!

Leitura 65

“ *Você conhece casos assim...*
Pessoas que nasceram em famílias desestruturadas e pobres e AINDA ASSIM conseguem prosperar e ser felizes!
E o contrário também!
As que têm tudo nas mãos e não são felizes!

Guarde uma frase no seu coração:
ORIGEM NÃO É DESTINO!

Essa é a beleza do seu poder de escolha individual!
Use-o. ”

@mariohmeireles

ORIGEM NÃO É DESTINO!

Você pode escolher um novo rumo, uma nova direção, novos contextos globais!

A vida é um desenrolar de CADA UMA de suas escolhas!

Escreva em seu coração que ORIGEM NÃO É DESTINO!

E escolha o destino que o fará ser feliz, próspero, abundante e GENEROSO!

O poder é todo seu!

"*Esperar não é estratégia.*
Reclamar não é estratégia.
Criticar não é estratégia...

Se você quer mudar algo, mude-se!
Se quer crescer, nutra-se!
Se quer felicidade, ame-se!"

@mariohmeireles

Leitura 66

“Eu me senti rico.
Tomei sorvete com minha família.
Caminhei ao sol.
Deitei em um banco de praça e cochilei.
Brinquei com minha sobrinha!
Tomamos um chá!
Conversamos mais um pouco!
Voltamos, jantamos e dormimos.
Quem não enxergar riqueza no simples será rico de verdade!
A vida é rica!”

@mariohmeireles

Sobre riqueza!

Você vai ficar numa corrida eterna até que encontre riqueza no simples ato de viver! No simples ato de aproveitar o que você já tem!

De valorizar aquilo que o dinheiro não compra!

Do contrário, você gastará tudo o que ganha (e até o que não ganhou ainda na forma de dívidas e parcelas caras) buscando preencher o buraco infinito da sua não apreciação!

Veja, é interno!

Se o simples lhe basta, você venceu o jogo!

Sua energia estará sempre alta!

Sobrará dinheiro (energia) para você, pois não precisará gastá-lo para comprar coisas que aumentem sua energia! Ela por si já estará em plenitude!

Gratidão e apreço pelas coisas que já se tem não apenas ATRAEM mais dinheiro, mas também lhe ECONOMIZAM bastante.

A riqueza do simples está no fato de dinheiro nenhum poder comprá-lo!

Que tal mudarmos um pouco o foco do que tanto você quer ter e botar o foco em Ser algo que o orgulhe e satisfaça?

O bolso (e a paz de espírito financeira) agradece.

Leitura 67

> *"O tempo é infalível. Ele passa!*
> *Mas Deus também é! Ele realiza!*
> *Então, 'ajude Deus a ajudá-lo'.*
> *Coloque foco, elimine distrações, valorize o tempo E AJUDE AS COISAS A FLUÍREM.*
> *PARE de se atrapalhar e veja os milagres acontecerem!"*
>
> @mariohmeireles

Faça acontecer! Ponha coração! Ponha foco!

Elimine as distrações internas e externas (pessoas, eventos, brigas, discussões etc...).

Ajude as coisas a fluírem.

Ajude a vida a se manifestar!

Saia da frente e não seja um obstáculo para o desenrolar do Universo!

Deus pode mudar a sua vida em um estalar de dedos.

Mas, por amor, espera você se preparar para isso... E deixa nas suas mãos o livre arbítrio para escolher o que quer!

As mudanças súbitas nos trazem a dor da adaptação!

Inclusive quando são para melhor, precisamos nos adaptar...

Então, trabalhe nisso!

Trabalhe em permitir que as coisas fluam alegre e livremente!

Que venham e vão com a mesma fluidez!

Assim, e só assim, que você vai caminhando em frente...

O resto é só um eterno andar em círculos!

Leitura 68

> *"Não confunda Simplicidade com Pobreza!*
> *Simplicidade é um Estado Mental em que ter pouco lhe basta, satisfaz, traz felicidade e dinheiro!*
> *Pobreza é um Estado Mental em que ter pouco lhe dói, frustra e amargura, além de afastar a prosperidade!*
> *Você pode SER rico ou PARECER rico!*
> *Escolha!"*
>
> @mariohmeireles

É sempre um Estado Mental.

Escolha ser simples.

Terá mais tempo, liberdade e paz de espírito!

Neste exato minuto, existem pessoas sofrendo com parcelas no cartão de crédito, financiamentos de carros, casas, dívidas por compras que talvez estejam até arrependidas de terem feito.

Depois de quebrar algumas vezes, a pessoa se pergunta: "Por que eu faço isso?".

Existe uma sociedade dirigida ao consumo.

Uma sociedade que o "posiciona" socialmente de acordo com as roupas que você usa, com os carros que você dirige e com os lugares nos quais você come!

E SE VOCÊ NÃO FICAR ESPERTO, corre o risco de entrar em uma competição inconsciente que serve única e exclusivamente para trazer pequenas doses de prazer e consumir todo o tempo em que você trabalhou para ganhar aquele dinheiro gasto!

Ser simples, ao contrário, tira-o da corrida!

Alguém que não compra roupas caras ou gasta com restaurantes caros etc. é péssimo para o sistema sustentado pela ostentação!

Afinal, o que essa pessoa compra?

Quando ela não gasta com excessos, ela compra LIBERDADE!

Compra ações, investimentos, paz, liberdade etc.

Essa ficha às vezes demora para virar.

Experimente por um período...

Saia da corrida!

Leitura 69

> “*Sim. Você pode falar!*
> *Talvez você tenha crescido em um ambiente violento,*
> *opressivo ou com muitas formas de censura e bullying.*
> *Você é adulto agora, então:*
> *não engula o choro.*
> *Não cale a boca!*
> *Não se ponha de castigo!*
> *Não guarde para si!*
> *Ponha para fora!*
> *Guarde consigo apenas o que o fizer crescer!*”
>
> @mariohmeireles

É seguro! Pode falar!

Você não vai ser censurado, caçoado, ridicularizado ou agredido de qualquer outra forma psicológica ou física!

Para muitos, isso é um desafio, e eu entendo.

Relato como eu mesmo tive que superar essa dificuldade no meu livro “Life Coaching 2 – Ansiedades, Medos, Bloqueios e a Vitória Pessoal”.

O fato é que suas ideias e palavras vão encantar muitas pessoas e vão incomodar muitas outras.

Assim é o mundo!

Mas o mundo brilha com a troca de ideias, com o compartilhamento da felicidade e com o conhecimento distribuído!

Sendo assim, fale!

Expresse-se!

Não engula mais sapos, nem sílabas, nem choros!

Ponha para fora toda a dor, a raiva e outras emoções que tanto o fizeram engolir!

Será libertador!

Você pode falar agora!

E ao menor sinal de agressão, afaste-se!

Você merece ouvidos ansiosos para escutar as incríveis ideias de seu coração!

"Você é um ímã gigante atraindo tudo
o que acontece na sua vida!
As pessoas, os lugares, os acontecimentos,
a saúde, as finanças... Etc.
Atenção ao que põe em seu corpo.
Atenção com quem você deixa tocá-lo.
Atenção às pessoas que você escuta!
Atenção aos pensamentos que você tem.

Proteja o seu magnetismo pessoal!
Ele é o grande responsável por
atrair a vida dos seus sonhos."

@mariohmeireles

Leitura 70

"DECIDA CONFIAR!
Quando orar "seja feita a Vossa vontade", fale de verdade!

Se REALMENTE quer Deus ajudando a criação do seu Universo Pessoal, peça, confie, largue o controle e receba o que vier certo de que é o mais perfeito resultado!
Não tenha meia fé!"

@mariohmeireles

Se der certo, é permissão divina.
Se der errado, é direcionamento! Procure outro caminho!
Meia fé, acreditar mais ou menos e ter dúvidas ou incertezas vão atrasá-lo.
Lide com essas fragilidades de fé!
Solte esses freios.
O medo nos atrasa enormemente!
E o medo é apoiado na falta de fé!
Não é para ser irresponsável e fazer coisas contra a prudência. Não!
É para ousar conscientemente na certeza de que nosso interior sabe os limites que o Universo nos dá!
Vamos em frente!
Com fé, ousadia e alegria!
Avance!

Leitura 71

“Para hoje (e sempre), DECIDA PRATICAR O BEM!

FORTALEÇA A CRENÇA de que o bem que você faz aos outros retorna a você em dobro, mesmo que de forma inesperada e em contextos diferentes!

O Universo cuida bem daqueles que cuidam bem de seus filhos!”

@mariohmeireles

Distribua generosidade!
Distribua o bem!
Distribua amor!
Distribua carinho!
Distribua gentileza!
Faça isso sem expectativas ou sem “tentar fazer o Universo me dever algo”.
Faça de forma legítima e com o coração aberto!
O Universo entende o sentimento verdadeiro em seu coração e devolve essas bençãos multiplicadas muitíssimas vezes!
Que nesta semana você consiga dizer “eu te amo” e sentir esse amor no peito!
O Universo devolve muito amor àqueles que amam as criações, os filhos, as obras Dele!

Leitura 72

“*Descansar a mente exige fé!*
Há dias em que você não vai
conseguir dar conta de tudo.
Imprevistos acontecem.
Fadiga, estresse, cansaço...
Confie que o Universo reconhece seu
esforço sincero e cuida de você!

Entregar-se, muitas vezes, é um
maravilhoso exercício de fé!
Relaxe!
Encontre paz!”

@mariohmeireles

Hoje, dormi pouco e tentei dar conta de vários compromissos, mas, ao final do dia, estava esgotado.

Ainda havia itens na agenda a serem cumpridos.

Coisas a serem feitas na lista.

Mas muitas vezes precisamos nos entregar. Abrir mão.

Deixar o Universo operar!

E confiar que ele opera brilhantemente!

Descansar a mente é um exercício de fé!

Para descansar a mente, é preciso paz de espírito!

Simplesmente confie.

Descanse!

Vai ficar tudo bem!

“Você nunca vai mudar o que você tolera.

Isso vale para o desrespeito dos outros, sua forma física, seu relacionamento, sua situação profissional e suas finanças...

Você precisa de um ‘Já chega!’ interior sólido e firme para cessar a realidade atual e criar a vida desejada!

Está na sua mão!”

@mariohmeireles

Leitura 73

> *"Depois de um mês bom, VEM*
> *UM MÊS MELHOR!*
> *Ajuste sua mentalidade e acredite*
> *no progresso permanente!*
> *É possível continuar evoluindo e crescendo!*
> *Não coloque limites para o SER ILIMITADO*
> *que você é e para o Deus incrível que você tem.*
> *A vida desconhece o que é limite!*
> *VOE ALTO!"*
>
> @mariohmeireles

"Estou com muita sorte! Quando é que vai acabar?"

O fato de a vida acontecer em fases faz com que muitos acreditem que, depois de bons momentos, boas alegrias e bons resultados, algo ruim pode acontecer.

Se você soubesse o quão ilimitado é e o quão capaz de produzir resultados ainda melhores você é, não pensaria assim!

Você estaria confiante.

Firme.

Sorridente e alegre sabendo que os resultados foram ótimos, MAS AINDA SÃO PEQUENOS perto de tudo o que a vida pode lhe trazer!

Ajuste o pensamento!

Ajuste seus padrões!

Veja-se sempre como um aprendiz iniciante, pois seu jogo está apenas começando!

Você conquistará ainda muitas coisas maravilhosas!

O que está por vir é ainda mais incrível!

Acredite!

“DESCANSE, RECARREGUE as pilhas!
PREPARE uma agenda POWER!

Lembre-se de que cada reunião é uma semente que lhe gerará frutos que gerarão novas sementes e novos frutos.

É incalculável o poder de uma semente bem plantada!

Então, seja disciplinado nessa tarefa de plantar.

Disciplina traz liberdade!

NÃO VIEMOS ATÉ AQUI PARA VIVER PELA METADE!”

@mariohmeireles

Leitura 74

> *"É claro que você não se encaixa!*
> *É claro que é difícil fazer amigos e engajar em*
> *atividades que a maioria das pessoas gosta!*
> *Você faz parte do grupo que veio não para*
> *se adaptar, mas PARA TRANSFORMAR*
> *o mundo em algo novo!*
> *São poucos, mas já estão se conectando*
> *e manifestando o futuro!*
> *Encontre outros loucos como você!"*
>
> @mariohmeireles

A cada vez que você tenta "se encaixar", você se machuca e, invariavelmente, acaba voltando ao estado anterior!

Talvez você se sinta sozinho ou incompleto, deslocado, desencontrado... Sem "uma galera" ...

Você talvez faça parte do pequeno grupo que não aceita os moldes de trabalho, relacionamento, estilo de vida, entretenimento, religiões, dinheiro, alimentação, remédios, escolas, política etc. que o mundo criou.

Talvez viva nesse mundo, mas não pertença a ele.

Mas é o contrário!

Sofri com esse contexto até o ponto em que percebi – E ACEITEI – que eu realmente não queria me encaixar neste mundo doido e doente.

Que me feria e machucava quando eu via coisas com as quais não concordava acontecendo e tentava me ajustar e fazer gostar também.

Foi libertador aceitar minha natureza esquisita. Diferente. Estranha...

E isso fala muito sobre o seu papel!

Aos olhos do divino, todos têm seu papel. Deus não ia fazê-lo à toa.

(Ou você acha que Ele erra?)

Logo, alguns estão aqui para fazer o mundo funcionar, e outros estão aqui para direcionar rumo ao futuro.

É importante lembrar que não existe papel melhor, pior ou mais importante.

O conhecimento, a arte, a ciência etc. são formas de capital humano acumulativas.

Se Newton não tivesse inventado o Cálculo no século 17, os engenheiros hoje continuariam sem saber calcular uma estrutura.

E muito menos programar as inteligências artificiais que já estão fazendo e farão no futuro.

Você está, SIM, deslocado, porém é no tempo, é na realidade, é no conjunto de valores!

Isso SIM faz parte do seu trabalho como SER HUMANO.

Esqueça de uma vez por todas essa ideia de QUERER SE ENCAIXAR!

É perder um tempo precioso e uma energia emocional importante que deve ser usada na construção do novo mundo!

Os despertos estão aumentando e despertando cada vez mais pessoas!

Aos poucos estão fazendo a revolução.

Conectando-se em um nível muito maior que o físico... Um nível energético, mental, espiritual e astral!

Encaixe-se na transformação!

Leitura 75

> “*O que é amor para você?*
> *Você quer se relacionar com alguém*
> *ou quer TER esse alguém?*
> *Amar o pássaro ou colocá-lo na gaiola?*
> *Admirar as plantas ou colocá-las em seu vaso?*
> *Amar os animais ou torná-los alimento?*
> *O seu amor é benéfico ao objeto*
> *amado ou é benéfico a você?*”
>
> @mariohmeireles

Numa época na qual tanto se fala sobre amor, vale a pena refletir sobre o que é amor e o que é posse.

Sobre o que é troca.

Sobre o que é soma, aliança, união.

Sobre o que é liberdade!

O quanto do seu amor é sobre você?

O quanto do seu amor é sobre o outro?

Você quer ter um amor ou quer compartilhar o amor?

Um exercício excelente para o dia de hoje é amar em tamanho grau e intensidade que beneficie o objeto amado na mesma proporção que beneficia você!

“*Conversas DIFÍCEIS tornam a vida mais FÁCIL.*
Evitar tocar (e resolver) no assunto
inconveniente é evitar viver sem ele! Não
resolver mantém a questão ativa.
Ignorar não é uma estratégia de
resolução de problemas.

Algumas coisas são verdadeiros testes da vida
para saber se você realmente quer progredir!

A mudança está nas suas mãos!
Respire, aumente a fé, respire e vá.”

@mariohmeireles

Leitura 76

“Sempre há uma nova chance para recomeçar!
Às vezes achamos que nossa vida acabou!
Que estamos no fundo do poço,
desacreditados e sozinhos...
Mas é possível renascer e começar uma nova vida!
Talvez você já tenha vivido esse
processo outras vezes!
Você consegue!
Recomece!
”

@mariohmeireles

Não importa o quão enterrado no fundo do poço você esteja, há esperança, há luz, há ajuda!

É possível se reconciliar com sua família, com aqueles que você ama, com a vida e com Deus!

É possível, sobretudo, se reconciliar consigo mesmo!!!!

Por isso, dê uma nova chance a si mesmo!

Acredite no poder de recomeços e das lições que as experiências lhe trouxeram!

Obviamente que algumas coisas apenas o tempo cura, recomece mesmo assim!

Você merece viver com paz de espírito!

"*Um exercício para os corajosos!*
Nas questões que estão incomodando-o,
o que você faria se decidisse priorizar
a maneira como se sente?
Se decidisse se amar em primeiro lugar?
Se decidisse agir, apesar do medo?
Se decidisse acreditar que pode dar certo?
O que você faria?"

@mariohmeireles

Leitura 77

"Em algum momento, você surta!
O surto é necessário! Ele traz uma energia
forte de mudança! Descarrega sentimentos
acumulados e coloca muita coisa em movimento!
Ajuda a manter a sanidade!!
Surte contra a pobreza, a mesmice, a ignorância...
Surte e revolucione a sua vida toda!
É libertador!"

@mariohmeireles

Se o surto não fosse um mecanismo necessário, ele não existiria!

Alguns falam: "me deu um surto e eu mudei tudo".

Às vezes precisamos de vários desses "surtos" para mantermos nossa saúde mental!

Uns gritos aqui, uns choros ali, umas conversas duras de lá, uns encerramentos de cá!

Surtar, muitas vezes, fará você retomar a sensação de controle!

Trará certa coragem!

Pode ser que seja apenas um rebote de muitos anos tentando representar um papel que não é seu!

Revolucione-se! Surte, se precisar!

Leitura 78

"Você não chega ao topo do Everest com pessoas que querem subir somente até a metade.
É um feito coletivo!
Conquista de uma equipe que se supera, cresce, enfrenta e vence desafios!
Poucas pessoas, trabalhando duro, com dedicação e foco, são capazes de feitos incríveis!"

@mariohmeireles

Seu trabalho é encontrar quem queira subir a montanha contigo.
O resto, o time em conjunto consegue realizar!
Pessoas comprometidas, sérias, ficadas, ambiciosas, dedicadas, caprichosas, amáveis e com espírito de equipe são raras como diamantes!
Continue garimpando!

Leitura 79

"Seu trabalho é encontrar quem queira subir a montanha contigo. O resto, o time em conjunto consegue realizar! Pessoas comprometidas, sérias, ficadas, ambiciosas, dedicadas, caprichosas, amáveis e com espírito de equipe são raras como diamantes! Continue garimpando!"

@mariohmeireles

Comece por você!

Comece pela sua crença interna em você mesmo! Pela sua mudança! Pela sua busca por propósito e amor-próprio!

É assim que você cuida da sua autoestima!

Com sua autoestima protegida e fortalecida, você não tolera desaforo, maus tratos, desrespeito ou abusos de qualquer tipo (psicológicos, emocionais, físicos, financeiros etc.).

Como o jogo é interno, é responsabilidade total sua! 100%!

Nesta semana, você pode dar um pequeno passo na recuperação do controle.

Um pequeno passo na direção de si mesmo.

Um pequeno passo na direção do amor-próprio!

Um pequeno passo é o suficiente para iniciar um movimento na direção de uma vida mais leve e feliz!

Coloque trabalho.

Coloque fé.

Coloque ação!

Nada resiste a esse trio!

Leitura 80

"Eu li algo que me marcou:
'Quando minha vida saiu dos trilhos,
percebi que era livre para ir em qualquer
direção, para qualquer lugar'.
Para deixar isso ainda mais legal, eu
adicionaria 'e na minha própria velocidade'!
Aceitar a impossibilidade de qualquer tipo de
controle sobre a vida é a maior forma de liberdade!
Viva o físico com o coração no eterno!"

@mariohmeireles

Se você ampliar o entendimento das coisas para uma perspectiva espiritual, chegará à conclusão de que está tudo certo! Que chegaremos ao mesmo lugar e voltaremos para a mesma fonte!

Não tem como "errar" na vida, sob a óptica espiritualista!

Ao ler esta frase: "quando minha vida saiu dos trilhos, eu percebi que poderia ir a qualquer lugar", eu imediatamente pensei nisso.

É importante viver o mundo físico, mas sem tirar os olhos do que realmente estamos fazendo aqui: evoluindo espiritualmente!

Tenha coragem!

Aproveite a caminhada!

Avance!

Vai ficar tudo bem lá na frente!

Leitura 81

> *"Você não manifesta prosperidade vibrando escassez.*
> *Se você ainda acredita que lhe falta algo (recursos, pessoas, habilidades...) para as coisas acontecerem, elas continuarão não acontecendo!*
> *Sua crença é o que define o que você manifesta!*
> *Você nasceu completo.*
> *O Universo é seu amigo!*
> *A vida ama você!*
> *Acredite que tudo lhe é permitido!"*
>
> @mariohmeireles

A vida lhe permite ser livre para crer no que quiser, tamanho é o amor que ela sente por você!

Você foi abençoado com o poder de decidir seus caminhos.

O poder de escolher começar ou terminar projetos, escolher o que entra ou não em sua mente, escolher seu nível de estudo e de educação...

Está tudo no seu controle!

Com um pouco de tempo e direcionamento, em um ano e meio ou cinco, sua vida pode estar totalmente diferente!

Acredite nisso!

Acredite que você seja completo!

Acredite que você seja capaz!

A sua crença em "se eu tivesse..., eu seria..." é uma mentira na qual você continua acreditando – talvez tenha aprendido que as coisas funcionam assim – para se manter exatamente onde está!

Mexa-se!

Nunca houve momento melhor para viver a sua vida de forma livre como agora!

"*Julgar os outros é fácil.*
Quero ver julgar a si mesmo!
Encarar as próprias sombras.
Engolir o próprio orgulho.
Mudar a própria história.
Ajudar pessoas ao seu redor.
Criar um mundo melhor!

Existe um uso melhor para suas
palavras do que o julgamento!
Use suas palavras, seu tempo e a sua energia
para criar harmonia ao seu redor!"

@mariohmeireles

Leitura 82

> *"Você está recebendo sinais. Respostas.*
> *Conhecimento e informação!*
> *Deus seria Deus se ignorasse você?*
> *Se Ele cometesse erros?*
> *Não!*
> *Portanto, acredite nas suas orações*
> *e nos movimentos da vida!*
> *A PAZ de espírito que você quer está*
> *na CONFIANÇA que você não está*
> *dando! (Leia novamente)"*
>
> @mariohmeireles

A fé não pode ser frágil!

Ou você acredita e segue em frente, ou você se "atrasa".

Eu digo "atrasa" porque o Universo em sua generosidade vai continuar trabalhando para que você cumpra a sua missão, mas para que você consiga evitar o sofrimento que tanto teme, ele fará as mudanças lentamente.

Por isso ele "atrasa", mas não falha!

Por respeito e por amor!

Seu livre arbítrio pode ser usado até mesmo para se atrapalhar!

Então, confie!

Mergulhe!

Avance!

Cresça!

O Universo é rápido. Preciso e infalível!

Agora, cabe a você encontrar paz na confiança que deposita nele!

Você confia?

“Acredite em Deus, mas:
envie o currículo;
ligue pro cliente;
faça o anúncio;
convide para jantar;
Tente a sorte!
Comece o novo projeto!
Dê o primeiro passo!

Deus não faz POR você,
Deus faz COM você.
OS MILAGRES NASCEM
NO SEU CORAÇÃO!
AJA!”

@mariohmeireles

Leitura 83

"Atos corajosos, aos olhos de espíritos não treinados, são vistos como atos de loucura!
Se o chamarem de louco, maluco, desesperado etc. NÃO SE ABALE!
As escolhas são individuais, mas os benefícios são plurais!
Então, Avance!
Seu despertar beneficia todos!
Inclusive os que o chamam de doido!

CORAGEM!"

@mariohmeireles

CORAGEM! Tenha coragem para iniciar, manter ou terminar os projetos que são relevantes para você!

Tenha coragem para dizer os "sins e nãos" que você precisa dizer!

Tenha coragem para olhar para si mesmo e matar as características e os hábitos que estão atrasando-o!

Coragem, coragem, coragem!

Para alguns, parecerá loucura ou até mesmo estupidez!

Mas todos, inclusive esses, se beneficiarão do seu exemplo, da sua mudança e da sua energia!

Então, vá e avance!

Pois o seu despertar só beneficia todos!

E é sobre isso!

"Universo, faço um pacto aqui com você!

Distribuirei tolerância, compreensão,
amor e bondade.
Cuidarei da saúde, dos projetos, das
emoções e dos desejos íntimos.
Serei transparente, claro e responsável,
com todos e comigo.

Não me traga nada!
Apenas devolva dobrado o que eu lhe entregar."

@mariohmeireles

Leitura 84

“Não se distraia!
Não perca tempo com quem não está
indo para o mesmo lugar que você!
Cuide da saúde, das finanças, da família,
do seu corpo e dos seus ESTUDOS!
Coloque paixão no trabalho!
Ame!
A vida passa rápido!”

@mariohmeireles

Não sei se você precisa ler isso, mas eu preciso! Eu sei que sempre podemos nos concentrar mais e focar para produzirmos melhores resultados!

Corte as distrações!

Elimine aquilo que não soma!

Pare de boicotar seu progresso!

Alimente-se bem.

Trabalhe com afinco!

Conclua as tarefas!

Entregue-se às suas metas!

A vida não espera!

Cuide da sua saúde mental, da sua mentalidade e daquilo que você nutre com seus pensamentos!

É hora de acelerar!

Leitura 85

"Pare de parar!
Pare de pular os treinos na academia,
de deixar os livros pela metade,
de desistir dos negócios,
de abandonar as ideias e as estratégias,
de estragar sua dieta,
de fugir dos estudos e das mudanças,
de renunciar aos seus sonhos!

PARA A SUA VIDA AVANÇAR,
PARE DE PARAR!"

@mariohmeireles

A gente já sabe o que acontece se você parar, queremos descobrir o que acontece se você continuar!

Parece óbvio, mas é bom ser dito novamente!

Pare de parar!

Chega determinado momento na vida que você não quer mais a frustração de desistir. Aquela decepção consigo mesmo que você sente ao abandonar novamente um projeto que tanto deseja.

Diga um "CHEGA!" bem grande para esse seu lado desistente!

Invista e insista em você!

Valerá a pena!

Leitura 86

"Somente o Óbvio é entendido e aceito por todo mundo!

Deus não o fez óbvio, Deus o fez único!

Portanto, ser incompreendido e não aceito é um bom sinal!
Confie na sua esquisitice e manifeste a vida à sua própria maneira!
Você é amado e foi feito de propósito pelo criador de todo o Universo!"

@mariohmeireles

Se fosse para sermos todos iguais, Deus teria nos feito assim!

Algumas pessoas NÃO VÃO ENTENDER seus motivos, seu jeito, sua forma de falar e de ser... Não vão entender e talvez não vão aceitar!

Não é seu trabalho se encaixar, seu trabalho é manifestar aquilo que você foi feito para ser!

Você é de propósito!

Você é feito assim intencionalmente!

Quando deixa de exercer sua naturalidade, você atrapalha todo o plano que a vida tinha para você... Todos os corações e as pessoas que você impactaria com a sua natureza e seu jeito de ser!

Claro que queremos ser aceitos. Eu entendo!

Mas se isso estiver custando sua felicidade, ninguém se beneficia disso! Nem a sociedade nem você!

Sejamos os esquisitos que viemos aqui para ser!

"Alguns lembretes para a vida!
Não tente se encaixar onde você não pertence; há um lugar e um pessoal na sua vibe. ENCONTRE-OS!

Descansar não é parar! Aprenda a descansar em movimento! CONCLUA SEUS PROJETOS!

Vida adulta é TROCA! Invista, apoie, ame... Dê 100% para quem lhe der 100%; do contrário, FUJA!

Vamos pro topo!"

@mariohmeireles

Leitura 87

"O que você busca quer ser encontrado por você!
O Universo inteiro se alegra com a sua alegria!
Acredite, Ele JOGA A SEU FAVOR!

Às vezes o que você precisa é
somente de um pequeno
ajuste de energia.
Sorria mais, dê risada dos problemas,
agradeça pelos percalços!

As "coisas" que queremos manifestar são apenas
vibrações a serem atingidas pelo nosso Ser!"

@mariohmeireles

Vou lhe ensinar um pequeno processo:

Anote!

1 - Pergunte-se como você se sentiria ao alcançar o que tanto quer! (você pode sentar e imaginar a cena para ter a vibração clara).

2 - Reconheça bem o sentimento!

3 - Procure maneiras de sentir a mesma coisa no presente (seja a gratidão, a adrenalina, a alegria, o amor, a paixão!!!).

4 - Pratique essa energia e mantenha-se focado nela pelo máximo de tempo possível!

Leve as coisas de forma alegre e leve!

O Universo é uma grande massinha de modelar que usa a sua vibração como instrução para criar a realidade!

Ele é seu amigo e está "sempre às ordens"!

Ele quer a sua felicidade!

*"Talvez não seja medo de novos amores,
e sim medo de dores antigas!*

*Talvez não seja medo de novos negócios,
mas medo de antigas frustrações!*

*Talvez não seja ansiedade, mas medo
de expectativas não cumpridas!*

*Você não avança enquanto o passado
continuar presente em seu presente!"*

@mariohmeireles

Leitura 88

*"Grandes mudanças são muito doloridas
e exaustivas para o cérebro processar!
São como obras e reformas.
Por um período, fica tudo sujo,
quebrado, irreconhecível...
O que existia morre e é péssimo por um
período, mesmo que o consciente saiba
que são mudanças para melhorar!
Tenha fé e paciência consigo mesmo
em sua reconstrução!
Você é uma obra-prima em constante reforma."*

@mariohmeireles

Você fica desorientado! Quando uma mudança grande e súbita acontece, você literalmente sente dor!

Seja uma demissão inesperada, um acidente repentino ou a perda física/ emocional de alguém.

Por força do hábito, você bate na parede intelectual da Não Existência daquela parte da sua vida.

E dói!

Mas a vida se adapta. Reconstrói-se. Aperfeiçoa-se.

Você aprende e cresce!

Manter essa fé de que a reforma trará uma melhoria é o que nos mantêm adiante.

É a confiança de que Deus governa e guia todos os seus filhos e seus acontecimentos!

Não é sobre ser forte, é sobre ter esperança, confiança e fé fortes!

É saber que há coisas que vão além do intelecto e dependem de uma força espiritual para serem curadas!

Dê a si mesmo a paciência necessária!

Leitura 89

“*Alguns objetivos são tão grandes que precisamos trabalhar com mais do que ações físicas!*

Temos que trabalhar com a nossa energia!
Com a nossa mente!
E, principalmente, precisamos trabalhar em sintonia com a divina inteligência superior que arquiteta, alinha e produz todos os acontecimentos e as condições para que eles aconteçam!

Conexão. Fé. Energia. Trabalho!

O sucesso não resiste a esse combo!”

@mariohmeireles

Você já percebeu isso, não é? Algumas coisas são tão grandes que é humanamente impossível saber como vão acontecer.

É impossível saber quem serão as pessoas certas, quais os lugares, as estratégias e os caminhos... É um infinito de possibilidades e resultados que precisam se alinhar para que esse Sonho Gigantesco aconteça!

É nesse ponto que entra a confiança e o alinhamento com a energia superior, com Deus, com seus mentores espirituais, com a inteligência infinita!

Algumas coisas são tão incríveis que somente o Incrível pode ajudá-lo a realizar!

Conecte-se aos planos superiores do Ser!

"Em alguns dias, você acordará com uma vontade enorme de CAUSAR UMA REVOLUÇÃO NA SUA VIDA!
MUDAR tudo!
Igual a reformar uma casa, mesmo com o transtorno, pois sabe que algumas transformações precisam vir da fundação!

ESSES DIAS SÃO RAROS!
Não os desperdice!

Mude a parada toda!"

@mariohmeireles

Leitura 90

> *"Que nesta semana você tenha CORAGEM*
> *de se afastar dos narcisistas!*
> *Eles não se importam com seus planos, projetos, sonhos...*
> *Eles também não querem comprar seus serviços e produtos...*
> *Não têm interesse nenhum em você nem nos seus talentos.*
> *Têm interesses próprios!*
> *Querem apenas envolvê-lo, consumir sua energia*
> *e FAZÊ-LO PERDER TEMPO!*
> *Mantenha distância!"*
>
> @mariohmeireles

Que esta semana nos traga inteligência!

Um empreendedor/vendedor (mas serve para todos) precisa ser rápido na hora de identificar um narcisista!

Ele consome muito tempo!

Energia e recursos demais!

Você pode investir seu tempo na pessoa errada e deixar de fazer um bom negócio com a pessoa certa!!

Isso vale para a vida em geral!

Algumas pessoas não estão preocupadas em somar nos seus planos, eles têm planos próprios e você é apenas um recurso para a realização deles!

Não há troca, há apenas aproveitador que não quer compartilhar e crescer contigo!

Muitas vezes a gente identifica esse perfil, mas continua envolvido na conversa e retórica do narcisista!

Chega! Tenha coragem! Mantenha-se distante!

Coloque sua energia naqueles que querem o mesmo que você!

Naqueles que buscam o que você busca!

Naqueles que querem caminhar em parceria na mesma direção!

Vocês irão mais rápido, mais longe e mais felizes!

Leitura 91

“No PALCO, há o show!
Mas é nos BASTIDORES que mora o trabalho!
Vou além, moram também o esforço, o comprometimento, a dedicação, o choro, o cansaço, a rejeição, a persistência, o foco, a ação, o aperfeiçoamento.
Todo show tem espectadores, figurantes etc.
Mas só vira protagonista aquele que vence a batalha que existe nos bastidores!”

@mariohmeireles

“Você é reconhecido em público pelo esforço no privado!”
Contudo, sempre há gente querendo palco sem passar pelos bastidores!
Não vai rolar.
Primeiro, por questão de justiça.
Segundo, por falta de humildade.
E, terceiro, porque os bastidores o tornam um protagonista melhor!
É onde a mágica acontece!
E, claro, há aqueles que só querem assistir!
Mas seja honesto contigo!
Você acredita mesmo que está dando 100%? Então, ótimo, continue!
Mas se forem 99%, não vai rolar!
É necessário um grau de entrega e comprometimento total para a manifestação acontecer!
Assim como um rádio ajustado a 0.1 da frequência ideal NÃO TOCA A MÚSICA com nitidez, o Universo não entende um “quase” comprometido!
Ou é ou é!
Ou faz ou faz!
Não pule etapas no seu processo!
Se algo está desafiando você, encare-o!
Você não percebe que é só isso que a Vida está esperando!?
VOCÊ É A PEÇA-CHAVE!
Vença os bastidores!
Suba nesse Palco!
Tome posse do seu show!

"Imagine a cena.
Uma linda garrafa de vinho!
Estilizada e num formato perfeito!
Um rótulo maravilhoso, sofisticado,
com títulos e premiações!
A crítica só fala maravilhas!
Você dá um gole e descobre que virou vinagre...
Qual sua reação?!
Exatamente!

Acredite, entre o conteúdo e a embalagem,
O CONTEÚDO sempre vence!"

@mariohmeireles

Leitura 92

> *"Conhecer a dor o faz entender melhor a dor do outro!*
> *Dificuldades financeiras o tornam generoso!*
> *Corações partidos o tornam mais sensível e*
> *responsável com as emoções dos outros.*
> *Ser agredido o ensina a ser cuidadoso*
> *com as pessoas ao seu redor!*
> *Transforme dores em lições!*
> *Lições em cura!*
> *Distribua bondade!*
> *A cura da humanidade é um processo coletivo!"*
>
> @mariohmeireles

Não ter tido pai presente me ensinou o que mais fez falta nessa Ausência!

Quais as conversas que eu gostaria de ter tido.

O que eu gostaria de ter aprendido e feito!

Qual tipo de relação que gostaria de ter tido...

Você pode usar as dores como justificativa para causar mais dor!

"Eu também apanhava quando era criança, agora vou te bater também."

"Também já me enganaram, por isso vou enganá-lo."

Ou você pode usar a dor como lição e torná-la (e você se tornar) instrumento de cura!

É apoiar-se na fé de que a vida o aperfeiçoa!

Se você acredita que a vida o ama e quer que você saia melhor, você encontra paz nesse pensamento.

Você aceita que, mesmo sem entender todos os motivos, é para torná-la uma pessoa ainda mais capaz e melhor!

Para que distribua cura e amor para si mesmo, para sua família e seus irmãos de jornada!

Os tempos difíceis exigem da gente uma expansão da nossa fé e do nosso espírito!

A cura coletiva é sempre mais poderosa!

Leitura 93

“*Qualquer coisa que você assuma que 'já saiba' sobre algum assunto ou alguém limita o que a pessoa pode se tornar para você e também aquilo que você poderia aprender com ela!*

No final, o prejulgamento limita os relacionamentos, os negócios e sua própria vida!

Pare já o julgamento!”

@mariohmeireles

Quantos “já sei”, “já vi isso”, “já conheço”, entre outros, criaram o seu limite atual?

O universo está esperando uma pequena mudança em sua mente para entregar uma grande mudança em sua vida!

Seus preconceitos e seus “já sei” estão mantendo-o onde está!

Pare já!

Seja transparente, sincero e autêntico, e veja aonde a vida vai levá-lo quando você respeitar a impossibilidade de se saber tudo sobre a vida!

A humildade é ingrediente do crescimento constante!!

Leitura 94

> *“Os botões SILENCIAR, RESTRINGIR,*
> *UNFOLLOW e BLOQUEAR,*
> *existem porque são importantes!*
> *Se algo ou alguém estiver perturbando a*
> *sua saúde mental, não hesite em usá-los!*
>
> *Nossa saúde mental é muito valiosa!*
> *Cuide bem dela!”*
>
> @mariohmeireles

Não se apegue ao que lhe faz mal.

Se algum perfil diminui sua energia, sua fé no mundo, cria uma visão pessimista das relações ou tenta lhe vender uma ideia de mundo ruim para lhe oferecer uma solução, DISTANCIE-SE!

Nossa mente é o terreno das nossas criações!

Existem pessoas que são especialistas em convencê-lo de que seu terreno não é bom, ou que está com problema, ou que você não sabe manifestar...

MENTIRA!!!

VOCÊ NASCEU MANIFESTANDO!

O seu nascimento já é uma manifestação!

Então, preserve sua energia e seus objetivos!

Busque apenas conteúdo que o elevem e façam recuperar seu poder pessoal e sua fé na humanidade!

Leitura 95

"A soberba é parte de nós.
Em algumas áreas, temos dificuldade em aceitar ajuda!
Isso só agrava a situação!
Ficou fácil aceitar ajuda QUANDO ME COMPROMETI A AJUDAR OS OUTROS!
Foi algo como: "Deus, pode me mandar ajuda e investir em mim porque eu devolverei em dobro!
As pessoas querem receber e poucas querem dar.
Dar mostra o seu compromisso em compartilhar as dádivas recebidas!
A Generosidade abre a torneira de bençãos na sua vida!"

@mariohmeireles

A vida ajuda quem ajuda a vida!

Você é um dreno ou um amplificador de coisas boas?

Culturalmente, associamos o "aceitar ajuda" como um sinal de fraqueza ou incompetência.

Tornamo-nos soberbos e recusamos ajuda, pois – novamente, algo cultural – há uma pequena sensação de que isso represente fracasso!

"Não preciso do seu dó ou da sua caridade!"

(Como se caridade fosse algo ruim)!

Isso é natural, acontece em diferentes áreas da vida e em diferentes intensidades!

Eu superei isso utilizando a soberba e o orgulho próprio a meu favor!

"Ok, eu aceito, mas somente se me deixar devolver depois!"

Esse compromisso em devolver a ajuda ganha abriu o fluxo!

A energia circula!

Você deixa de ser uma pessoa a ser ajudada e passa a ser "um investimento"! Olha que diferença isso faz!

Diferença cognitiva, diferença perceptiva, emocional e energética!

Assuma o compromisso de ser benção para os outros, e assim bênçãos virão para você!

Afinal, não somos Pontos Finais.

Somos partes de um sistema vivo que circula e flui!

Deixe a prosperidade da vida fluir através de você!

Leitura 96

> *"A busca pela perfeição é um disfarce para a nossa insegurança e não aceitação daquilo que somos.*
> *Pessoas que têm metade da sua capacidade intelectual, técnica etc., que estão tendo resultados 10x melhores, e até mesmo vivendo a vida que você sonharia ter.*
> *Elas não são 10x melhores do que você.*
> *Todos temos igual potencial e direito divino.*
> *Mas pode ser por elas terem 10x mais confiança em si mesmas!*
> *ACREDITE, VOCÊ JÁ ESTÁ PRONTO!*
> *Vá e faça!"*
>
> @mariohmeireles

Pensa demais, espera demais, preocupa-se demais, elabora demais.

E faz de menos!

Sabe, na sua área de trabalho, há gente muito menos capacitada do que você e que está fazendo um trabalho muito mais relevante e tendo resultados (de todo o tipo) muito superiores!

Não por serem melhores, mas por simplesmente confiarem mais naquilo que elas já são!

Todos os dias, encontro pessoas querendo "descobrir o que está faltando nelas!", quando, na realidade, a única coisa que falta é perceberem que SÓ FALTA ACREDITAR QUE JÁ ESTÃO CAPACITADAS!

Já estão prontas!

Já estão perfeitas!

Já estão competentes e capazes!

Já sabem fazer!

Não perca tempo divagando sobre o que falta!

Vá e faça! Acelera! Confia!

Mas a vida não precisa que você seja perfeito para lhe entregar o resultado maravilhoso que você quer! Ela o fez e o considera perfeito!

O que ela precisa é só que você acredite nisso de verdade!

Leitura 97

“Dias difíceis são fundamentais
em nosso crescimento!
Assim como os músculos precisam de esforço
para crescerem, nosso intelecto precisa de
problemas mais difíceis para se expandir!

‘A planta precisa de dias de sol
e de chuva para crescer!’

Aceite a necessidade dos dias difíceis
no seu processo de crescimento!”

@mariohmeireles

Diamantes são forjados dentro de vulcões, ou ainda, como dizem, mar calmo não faz bom marinheiro.

A realidade é a seguinte:

a próxima fase do jogo é mais difícil!

Será assim até que você se torne mais competente e capaz!

Daí um dia você cresce, melhora suas habilidades e competências!

Quando você melhora, os desafios “parecerem menores”!

Todos nós já passamos por momentos difíceis e isso nos moldou (de alguma forma) positivamente também!

Quando as coisas ficarem mais difíceis, pergunte-se:

“No que isso está me transformando?”

Permita-se a forja!

Leitura 98

“ *Não deixe que ESPERANÇA e OTIMISMO sejam confundidos com:*
'Estou esperando alguém resolver.'
'Quero que alguém faça por mim.'
'Alguma coisa vai acontecer.'
'Deixa o tempo resolver.'
Esperança é muito bonita para virar justificativa de não entrar em ação e FAZER A SUA PARTE! ”

@mariohmeireles

Papo reto hoje!

Inconscientemente, a gente confunde esperança com inação!

Isso nos atrasa demais!

Obviamente que há muito alinhamento mental e energético para as coisas rolarem, claro!

Mas não espere isso indefinidamente!

Assuma sua "responsa" e parta para a ação inspirada! Faça a coisa acontecer, ou pelo menos coloque-as para andar!

Hoje, suba a barra!

Eleve os resultados!

Mire alto!

A gente merece tudo de melhor e é nossa responsabilidade buscar isso!

Leitura 99

> *“É A GRATIDÃO que manifesta as COISAS!*
> *Entenda definitivamente!*
>
> *O seu trabalho é desenvolver a si mesmo,*
> *aumentar sua compreensão, encontrar a visão e*
> *o significado naquilo que acontece a você etc.*
> *É aprender a manter a gratidão presente*
> *e a vibração alta em sua vida.*
>
> *VIBRAR ALTO É O SEU TRABALHO*
> *NO PROCESSO DE MANIFESTAÇÃO!”*
>
> @mariohmeireles

Nem sempre vai dar. Há casos e casos.

Mas, do ponto de vista vibracional, é bem isso!

Se você chutar a mesa e machucar o dedinho, grite de dor, óbvio, mas agradeça por ter dedinho! Por ter pé! Por andar! Por ter mesa!

Olhe quantos privilégios!

Essa gratidão e sua vibração são verdadeiras formas magnéticas de atração!

Mantenha-as presentes na sua vida!

Reclamar apenas ”re-clama” (solicita e chama de novo) as coisas!

Agradeça! Mude! Manifeste e avance!

Leitura 100

“Não siga apenas SUPERSTARS e ÍCONES naquilo que você faz!

Para o seu bem-estar pessoal e PROFISSIONAL, siga TAMBÉM pessoas que estejam na mesma batalha que você!

Motive-se não apenas pelo pódio, mas também ao ver outros ‘corredores’!

Faça do botão SEGUIR o seu aliado!”

@mariohmeireles

Tenha referências de destino, MAS, FUNDAMENTALMENTE, tenha referências de trabalho, construção, disciplina etc.

É maravilhoso ver alguém que já chegou lá!

Porém, como você não sabe exatamente os recursos e o caminho que a pessoa usou, é bom que você siga também pessoas que estejam no mesmo momento que você!

Pessoas que estão no mesmo pelotão da maratona!

Isso fará com que você se sinta apoiado e encorajado nas ações que precisa fazer HOJE!

Essa é uma verdadeira aula!

Leitura 101

"Volte a ser sua PRIORIDADE!
Cuide de você,
do seu corpo, da sua higiene, do seu
sono e da sua alimentação!
Dos seus relacionamentos, das suas amizades,
da sua família, de seus filhos e pais.
Do seu dinheiro, dos estudos, dos seus projetos!
Da sua casa e do seu lazer!

AME A SUA VIDA!"

@mariohmeireles

Isso fará sua autoestima melhorar!

Autoestima o ajudará a tomar decisões de forma clara e segura.

A se priorizar e posicionar melhor em negociações, projetos, conciliações e discussões.

Fará você não aceitar menos do que merece e se contentar com pouco!

Trará a força e o ímpeto necessários à busca pelo sucesso pessoal e profissional!

Fará com que você se compare menos e foque no seu caminho!

Fará se perdoar e aceitar sua própria história!

Autoestima é a pedra base para qualquer outro tipo de conquista!

Quem não se ama e admira, pouco faz para si!

Então, cuide de você a ponto de valorizar-se ao máximo, respeitar-se ao máximo e, assim, se abrir a tudo o que a vida tem de melhor!

"Seja simples!
Compartilhe o simples!
Faça as coisas de forma simples!
Trabalhe de forma simples!
Viva de forma simples!
Ensine a simplicidade aos seus filhos!

Que eles aprendam que até a mais importante
das coisas é muito simples: a Felicidade!"

@mariohmeireles

Leitura 102

“*As pessoas são boas!*
As pessoas têm boas intenções!
As pessoas ajudam!
As pessoas são confiáveis!
As pessoas amam!
As pessoas compartilham!
As pessoas sonham!
As pessoas prosperam!
Veja o melhor nas pessoas!
Acredite no ser humano!
O mundo é um reflexo do que a gente pensa dele!”

@mariohmeireles

Se nossos pensamentos e nossas palavras criam a realidade, que usemos para criar e manifestar o melhor de todos que estão ao nosso redor!

Quando você acredita nas pessoas e age com essa crença, pela Lei, o equivalente se manifesta e todos se beneficiam!

Tenho exercitado a cada dia esse aspecto e, sempre que me pego pensando algo de alguém, busco enxergar a melhor intenção e o melhor dentro do coração da pessoa!

Dessa forma, eu a beneficio e me beneficio!

Curo-me de todas as dores que alguém já me causou e olho para a pessoa com o olhar puro e otimista que ela merece!

Sem passados!

Permitindo-a manifestar o melhor dela!

Eu acredito!

É um treino!

A gente consegue!

“Sua AURA é enfraquecida por:

dieta artificial, ausência de exercícios,
sono insuficiente, ar poluído, desidratação,
dormir perto de aparelhos eletrônicos,
drogas, medo, lugares aglomerados, muito
álcool, TV, maus hábitos, mentiras.

Leve a sério a sua energia!

Leve a sério a sua energia!
Ela é a matéria-prima de tudo o que você faz!”

@mariohmeireles

Leitura 103

"Alguns dias vão exigir de você um nível de inteligência emocional e compreensão que você AINDA não tem!
Se esse foi o caminho que a vida lhe trouxe, caminhe!
Confie que esse caminho trará o crescimento e aprendizado de que você precisa!

'É o que tem pra hoje'."

@mariohmeireles

Há coisas que acontecem e você não enxerga NENHUM SENTIDO no fato de elas acontecerem!

E talvez seja esse mesmo o propósito!

A vida não quer que você entenda!

Ela quer que você confie e, confiando, atravessando, crescendo – e somente após crescer – é que você será capaz de entender!

É o que tem pra hoje!

É o prato do dia!

Às vezes a bola chega quadrada, nem por isso você vai desistir de fazer o gol.

Então, meus amigos, respirem fundo.

Confiem.

Sigam em frente e continuem a caminhar!

Leitura 104

"Desde sempre eu trabalho muito para que as palavras PREGUIÇOSO, DESISTENTE, CORPO MOLE, MOLENGA, VIDA MANSA etc. NUNCA entrassem na minha longa lista de defeitos!

Para ter paz de que, quando eu não conseguisse algo, era direcionamento divino e não falta de determinação minha!"

@mariohmeireles

Talvez muitos se identifiquem com isso!

Acabei de chegar a Canápolis (em Minas, mas quase Goiás), e vim com uma gratidão enorme no peito, fazendo uma retrospectiva de quantos lugares diferentes o Trabalho me levou.

Eu sou grato ao trabalho por me ajudar a conhecer lugares novos, pessoas diferentes e, de algum modo, aprender coisas – e histórias – que só o humano em cada um de nós pode compartilhar!

Talvez por isso eu goste de trabalhar.

Talvez por também querer ter certeza de que, quando algo não funciona – e acontece bastante –, é por decisão divina e não por desistência minha!

Eu tenho esse compromisso com Deus e com a vida!

Vou dar sempre meu tudo!

Pois acredito que só o Tudo pode voltar!

E, se não vier de onde eu imaginava que viria, confio na promessa de que o Universo sempre devolve – mesmo que de uma maneira diferente, mesmo que num momento diferente, mesmo que em lugares diferentes.

ELE SEMPRE DEVOLVE.

E devolve mais!

"Bora" trabalhar!

A vida incrível só depende de nós!

Leitura 105

> *"Às vezes dá medo!*
> *Às vezes a gente paralisa!*
> *Às vezes duvidamos!*
> *Às vezes desistimos antes de tentar!*
>
> *Em todos os casos, a decisão está*
> *sempre nas nossas mãos!*
>
> *Coragem! Ousadia! Alegria!*
> *Não sabote a sua vida e o seu futuro!*
> *É você quem manda na parada toda!"*
>
> @mariohmeireles

Às vezes é só fome e cansaço (contém ironia, rs).

De qualquer modo, RECOMPONHA-SE! LEVANTE-SE!

SIGA CAMINHANDO!

Sejam o Homem e a Mulher que deixariam sua família e seus pais orgulhosos!

A vida adulta é sobre autossuperação e definição – diária – do nosso próprio futuro!

Sacode essa poeira.

Respira!

E vai!

Não me conte suas desculpas, conte-me suas vitórias sobre si mesmo!!!

Leitura 106

> *"Alerta de choque de realidade!*
> *Quase fazer NÃO é fazer.*
> *Livro meio lido.*
> *Curso meio feito.*
> *Casa meio arrumada.*
> *Alimentação meio saudável.*
> *1) Fazer as coisas "mei a-boca" lhe*
> *dá uma vida "meia-boca".*
> *2) DIZER QUE VAI FAZER é muito*
> *diferente de realmente FAZER!*
> *Faça pra valer! Por você!"*
>
> @mariohmeireles

Ás vezes isso se torna um padrão! Livros pela metade, consertos pela casa incompletos, carro quebrado e sem conserto, roupas com botão faltando, contas atrasadas etc., etc., etc...

Profissionalmente também.

Cursos não completos, faculdade abandonada, pós largada pela metade, livro meio escrito, curso começado e não concluído...

Aonde você quer chegar se tudo você para na metade?

Essa conversa saiu de um atendimento de mentoria individual, no qual eu pedi uma tarefa para a pessoa. Ela deveria listar 40 coisas, mas listou 32, e, durante alguns minutos, discutimos sobre ela NÃO ter feito a tarefa e estar segura de que HAVIA feito.

Como se 32 fossem 40!

Tente pagar um boleto de R$ 2.000 com R$ 1999 na conta!

Simplesmente não vai!

Mas, para coisas que dependem da gente, às vezes TOLERAMOS FAZÊ-LAS PELA METADE. Ou fazê-las de forma incompleta!

E nos enganamos sem perceber...

"Eu tenho aquele livro." (ok! Mas você o leu por inteiro?)

E isso se torna um padrão.

Que nos conforta, mas NÃO NOS FAZ CRESCER!

Conclua suas tarefas!

Faça com excelência!

Leitura 107

> “*Algumas pessoas lhe causarão dor, mas eleve-se!*
> *Entenda que muitas pessoas não tiveram*
> *um lar acolhedor ou foram ensinadas a:*
> *PEDIR DESCULPAS,*
> *FALAR SOBRE SEUS SENTIMENTOS,*
> *FICAR EM SEGUNDO PLANO,*
> *etc.*
> *Tenha compaixão!*
> *Causar dor aos outros é um sintoma*
> *de profunda tristeza!*”
>
> @mariohmeireles

Quando alguém lhe causar dor, transforme em gratidão!

Reconheça o seu privilégio de enxergar que aquela atitude só pode ter sido aprendida também com muita dor!

Quem causa dor é por ter aprendido como causar dor.

Quem ama é por ter aprendido a amar!

Quem compreende é por ter aprendido a compreender!

Portanto, vá para um nível acima, agradeça por ter tido educação, por ter sido amado, amparado e acolhido!

A compaixão é sinal de que você está num nível além da dor que lhe tentam causar!

Agradeça a história que o fez ser quem você é!

Leitura 108

“Você tem conhecimento, estudo,
certificados, experiência, inúmeros casos
de sucesso e resultado pessoal!

Entretanto, você investe pouco no seu próprio jogo!
Investe pouco em você!
Não arrisca! Tem receio de não conseguir
e evita responsabilidades...

Você tem certeza de que quer crescer?”

@mariohmeireles

O ano mudou, mas você continua jogando com a mesma intensidade dos últimos cinco anos?

Diga-me: COMO você espera ter resultados melhores?!

Qual a mágica?

A lei da causa e efeito e a lei do retorno são INFALÍVEIS!

Não lute contra o Universo!

Invista na sua imagem, no marketing do seu negócio, invista em cursos, treinamentos, em pessoas!

Traga mais gente para o seu barco!

Jogue (ao menos) um nível acima!

E o restante acompanhará!

É a lei!

Leitura 109

"A cada dia e a cada nova conexão,
mantenho-me aberto e percebo que
há muita gente legal no mundo!
Muita gente do bem.
Muita gente desperta, alegre e com vontade de
criar elos sinceros e profundos! Trocar e aprender!

É um presente do divino quando os
véus caem e você enxerga além!"

@mariohmeireles

É lei da atração! É magnetismo! É energia! NUNCA ERRA!
Sempre traz e mantém as pessoas certas em nossa vida!
Perfeitamente alinhadas!
Perfeitamente ajustadas!
Entram e saem em um fluxo perfeito sincronizado e correto!
Basta ver!
Basta enxergar além!
Jogar-se e ver!
A beleza está em todo lugar!
Mas, sobretudo, dentro das pessoas!
Pequenos potinhos de carne guardando verdadeiras joias de luz!

Leitura 110

"Ao invés de tentar se encaixar no relacionamento, ou mudar a pessoa, ENCONTRE ALGUÉM ESQUISITO COMO VOCÊ! DE IMEDIATO, você sentirá a compreensão, o amor, a aceitação, o entendimento, a parceria, TUDO o que sempre buscou em pessoas que não ESTAVAM PREPARADAS para lhe dar!"

@mariohmeireles

Há gente que quer o mesmo que você!

Que está indo na mesma direção, no mesmo ritmo, no mesmo passo!

Mais do que ficar tentando se encaixar, mudando seu jeito de ser para se ajustar à sociedade, a um ambiente, a um grupo e a um relacionamento, vire a chave.

Pare de lutar para mudar todos ou se fazer aceito!

Largue a luta!

Busque o fluxo!

Existem pessoas, lugares, grupos e amores que JÁ SÃO PERFEITOS pra você!

Pessoas para as quais você consegue olhar DAQUI A dez ou quinze anos e pensar: "ELAS ESTÃO INDO PARA ONDE EU QUERO!".

Lembre-se de que você busca companhia para a caminhada hoje e para a caminhada no futuro!

"*Minha oração pra você hoje é que sempre tenha o necessário para viver e ser feliz! Desde confortos simples, como abrigo, água, banheiro, luz, geladeira e comida, até desejos sofisticados de autorrealização!*

Se você olhar com atenção, perceberá o quanto você tem a agradecer!"

@mariohmeireles

Leitura 111

*"Nossa saúde mental deve ser prioridade!
Todos querem sua atenção!
Os filhos, pais, amigos, clientes, REDES SOCIAIS, colegas de trabalho, contatinhos...
Mas CRIE TEMPO E DÊ ATENÇÃO A VOCÊ MESMO!
Às suas vontades e necessidades!
APRENDA A DIZER NÃO sem se sentir rude ou culpado!"*

@mariohmeireles

É inevitável. Para dizer sim a si mesmo, você terá que dizer não para outros (mesmo que você os ame ou goste muito deles).

Sem perceber, criamos uma sociedade de pronta resposta!

Uma sociedade sempre alerta!

Uma sociedade de DISPONÍVEIS!

Isso acaba por gerar culpa em pessoas que não sabem – ou aprenderam – a ser prioridade em suas próprias rotinas!

Se você não se prioriza, as coisas fundamentais na sua vida e na sua saúde mental são colocadas após as necessidades dos outros!

As necessidades dos outros (chefe, clientes, amigos, amores) são importantes também!

Por isso, é fácil se perder!

Por isso, é fácil ser cobrado.

Por isso, é fácil se sentir mal ou culpado por não responder e atender ao chamado de alguém que espera que você esteja sempre pronto e disponível!

É curador o ato de se preservar!

Quando você está com sua energia alta, as coisas fluem melhor e você pensa com mais clareza!

Diga SIM para você e para sua saúde mental!

Leitura 112

*“Use suas palavras a seu favor!
Fale coisas boas sobre você! Elogie-se!
Crie a história em que você vence!
Conte com alegria e gratidão!
As palavras são tijolos mágicos de criação!
‘No princípio era o Verbo!’
O divino que habita em ti é poderoso
aqui na Terra como no Céu!”*

@mariohmeireles

Onde eu almocei ontem estava tocando música Gospel.

Gospel vem do inglês “God Spell” (“God” = Deus)

“Spell” é usado para se referir a “fala, soletrar, escrever etc...”. PORÉM, é usado também como “feitiço, magia etc.”.

Eu, viajando no almoço, pensei que daria para colocar tudo junto: “Palavras Mágicas de Deus”. Por que não?

Enfim, não é sobre o gênero musical, é sobre o poder das palavras!

Quando você tem convicção sobre algo, seu tom muda! Suas palavras mudam! Seu jeito de contar a história muda!

O foco da história também!

Está difícil, claro! O mundo tem seus desafios!

Contudo, falar mal sobre o que está difícil não ajuda a melhorar!

Falar dificuldades sobre você mesmo também não!

Conte a narrativa da vitória, do “estava, mas agora estou vencendo, melhorando a cada dia e crescendo incrivelmente!”.

USE A SEU FAVOR!

Se você jogar contra você, por livre arbítrio, nem Deus pode ajudá-lo!

Faça um compromisso consigo.

Nunca mais diga "como eu fui estúpido, como eu sou burro, eu estou feio, fora de forma, fraco, triste, preocupado...".

Não permita que pessoas também mandem suas palavras para você!

Palavras inocentes e aparentemente bem-intencionadas podem corroer sua crença em si mesmo e tirar sua ousadia!

Declare-se vencedor hoje. Amanhã. E todos os dias!

Basta uma pitada de magia do divino para realizar coisas inacreditáveis aos seres comuns!

FALE e MANIFESTE!

Leitura 113

“*Primeiro a visão!*
Você define e cria a imagem do que você quer!
Sem saber o que se quer, não há foco!
Não há lista de tarefas, plano, ação,
atividade, investimento ou qualquer
outra coisa no mundo físico!

O sonho é a semente!
A mente, o solo!
O desejo, a água!
E o trabalho é o adubo!”

@mariohmeireles

ESCOLHA BEM AS SEMENTES! Aquilo que vai consumir seus dias, pensamentos e trabalho DEVE SER ALGO QUE VOCÊ REALMENTE QUEIRA VIVER!

Do contrário, você pode colher lá na frente algo que não queira!

Ou ainda, sem escolher a semente, você vai colher algo totalmente aleatório!!!

Não permita que essa seja sua história!

Trabalhe diariamente na visão!

Na visão de si mesmo!

De quem quer ser e de como quer viver!

"Você se cuida, trabalha, estuda, faz carinho, é responsável, pensa no futuro, compra comida, é independente, gentil, ajuda as pessoas, é cabeça aberta, saudável, usa perfume, cuida dos animais e AINDA manda memes!

Não aceite migalhas!
Preste atenção!
VOCÊ É MUITO!"

@mariohmeireles

Leitura 114

"Caso às vezes você se sinta
incompreendido e sozinho, saiba:
é preciso inteligência para entender
alguém inteligente!
É preciso bondade para entender um coração bom!
É preciso coragem para entender
alguém que se entrega ao que ama!

Na dúvida, sinta!
A ENERGIA NUNCA MENTE!"

@mariohmeireles

Tenho passado bastante tempo sozinho.

Parcialmente isolado, intensamente focado em estruturar as bases de um futuro crescimento e uma nova versão minha!

Consequentemente, tenho lido muito, estudado, escrito, falado com pessoas e muito mais!

É hora de cultivar o que já plantamos!

A colheita está próxima e será gigante!

Mas o cultivo tem que ser feito com intensidade e amor!

Nessa minha busca por aprender a usar o sentir – com a mesma eficiência que uso o pensar –, a vida tem me trazido professores e sinais constantes!

É preciso sentir para entender alguém que sente!

É preciso abrir o coração para entender alguém de coração aberto!

Sem SER, você nunca entenderá QUEM JÁ É!

Que esse pensamento lhe ajude a refletir, a melhorar o que precisa ser melhorado e a caminhar rumo aos seus objetivos ainda mais leve!

A leveza favorece a velocidade.

Leitura 115

"Todos os dias, temos a oportunidade de recomeçar.
A oportunidade de fazer diferente, melhor e ir além!
Dê atenção especial às pessoas!
Lembre-se:
1) a vida adulta É TROCA!
2) não dê 100% a quem lhe dá 50%.
3) NÃO ESPERE HONESTIDADE de pessoas que mentem para SI MESMAS!
4) 'Diga-me com quem andas e te direi quem tu és!'
Agora, SÓ VAI!"

@mariohmeireles

Se for para fazer diferente, é bom observar as pessoas!

Um novo nível de vibração lhe trará pessoas diferentes!

Observar quem você tem atraído também é um bom indicativo de quem você está sendo!

Quando você se ama e se valoriza, somente pessoas assim entrarão em seu campo!

O Universo é autoajustável!

Ele repele magneticamente o que não se alinha!

Portanto, transparência! Realidade! Franqueza! Papo reto! Honestidade etc. farão você criar relacionamentos verdadeiros, transparentes e compatíveis com a vida que você está construindo!

A vida adulta é troca!

Sem complexos de superioridade, sem máscaras, sem Egos!

Que hoje nós tomemos a decisão de sermos realistas nas nossas relações, sem perdermos de vista a magia que percebemos na vida quando a olhamos com a coragem de enxergá-la como é!

Leitura 116

“*Oportunidades você tem todos os dias!*
É questão de maturidade (e também de coragem) saber para quais dizer 'sim' e para quais dizer 'não'!
A cada decisão, um universo inteiro se abre! Tudo muda!
Saiba que não existe decisão certa ou errada.
Existe maturidade e força para assumir o decidido!”

@mariohmeireles

Decidir é “fácil”, mas manter-se decidido é o que muda a sua vida!

Uma decisão é um portal. Muda todo o seu futuro e das pessoas que cruzam seu caminho.

Afinal, seria tudo diferente se você não fizesse aquela viagem, se não fosse para aquele bar, se investisse naquela ideia, se desse chances para aquele relacionamento etc.

Então uma oportunidade é UM PORTAL.

Atravessá-lo é a decisão!

Manter-se decidido e FAZER DESTA ESCOLHA a melhor possível é a alquimia dos magos!

Os magos entendem que não há erros no Universo, portanto, conforme vão atravessando portais, vão com sua energia construindo, em seu novo local, a realidade que querem!

Pois são inúmeros portais atravessados e universos criados diariamente!

Tudo muda a partir da sua próxima decisão!

E decidir mantê-la e caminhar em frente é o segredo da criação da vida que você quer!

A vida só anda para a frente!

Leitura 117

“*Uma coisa é fato. A vida que você tem foi construída ao longo de anos de escolhas e ações.*

Para a vida nova:
1) encha-se de coragem e autoestima;
2) mude as escolhas;
3) SAIA DA SUA ZONA DE CONFORTO.

Se você só faz o que já sabe, terá só os resultados que já conhece!
MUDE!”

@mariohmeireles

A zona de conforto é também a zona do conhecido.

Resultados conhecidos, lugares conhecidos, pessoas conhecidas, ideias conhecidas, ações conhecidas...

... Que o levam à VIDA CONHECIDA!

Se você quer mudança, crescimento e novos resultados,

coloque um nível de energia novo.

Pessoas novas.

Lugares novos.

Ações novas.

Ideias novas!

É PURA LÓGICA.

Somente o novo o levará a um lugar diferente!

Portas antigas o levam a caminhos já percorridos!

Reinvente seu jogo!

“Energia é grátis!
Ela é disponível, acessível, pronta e livre para uso!
Sentimentos são energia, pensamentos também.
Todos estão sob o seu controle!
Amor, paz, alegria, força...

Você é uma maquininha conversora de
energia sutil em ações físicas equivalentes!

Distribua energia alta!
É grátis!”

@mariohmeireles

Leitura 118

> “*Você tem esforços e vitórias tão íntimos*
> *que as pessoas nem imaginam!*
> *E, ainda que soubessem, talvez não entendessem.*
> *Você é diferente.*
> *Diferente em seus modos, em seus sonhos e em suas lutas!*
> *Portanto, aplauda-se!*
> *Apoie-se!*
> *Incentive-se!*
> *Algumas vitórias ficam só entre você e Deus!*”
>
> @mariohmeireles

E, sinceramente, não precisariam estar entre mais ninguém!

Contudo, garanta que as vitórias das batalhas secretas e desconhecidas sejam celebradas genuinamente pelo seu coração!

As pessoas comuns aplaudirão suas vitórias que elas comumente aprovam, vitórias que o tornaram ainda mais comum!

Se quer algo extraordinário, seja capaz de aplaudir a vitória que ninguém sabe, ninguém entenderia, ninguém experimentaria, MAS QUE REPRESENTA O SEU PROGRESSO DENTRO DO CAMINHO QUE VOCÊ SE DESAFIOU!

Só você sabe a fé necessária para alguns movimentos e alguns saltos dados em seu caminho!

Só você e Aquele que tudo sabe!

Vá com ousadia! Ele joga do seu lado!

Leitura 119

"Aprofunde!
Somos uma geração que conhece mais sobre
remédios do que sobre alimentos.
Que fala mais sobre o fútil do que sobre o espírito.
Mais sobre celebridades do que sobre os mestres!
Vivemos vidas de brincadeirinha ao invés de procurar a Verdade!
Não há Magia na superfície, aprofunde-se!"

@mariohmeireles

A magia está na profundidade do Ser!

A vida está difícil porque você está usando só o aspecto físico da realidade para mudá-la. E essa é a superfície!

Se você se dedicar a meditar, respirar, PENSAR, sentir, intuir etc.; você começa a usar aspectos mais profundos da Existência e aspectos que estão no pano de fundo da realidade!

A mudança é na raiz!

Mudando a semente, a flor que nasce é outra!

Então, faça-se um favor, tire momentos para você se sintonizar.

Leia.

Tome um chá.

Faça uma pausa.

Respire.

Tire um cochilo (20 minutos salvam o dia).

Sorria, Sorria, Cante, Dance, Pule.

Faça exercícios.

Aumente e use sua energia para transformar a sua realidade!

É infinitamente mais poderoso do que usar somente as ações!

Aprofunde-se sem medo.

Você foi projetado para a alquimia!

"*No dia que você conseguir se sentir*
feliz por apreciar um dia de sol.
Que se alegrar com a lua cheia, caminhadas
tranquilas, conversas com amigos...
A vida é exigente, claro que é!
Mas estamos imersos em alegria!

O dia que o simples preencher e
satisfizer você, você entendeu tudo!"

@mariohmeireles

Leitura 120

“*Moscas no vidro!*
Às vezes, tudo o que é necessário para encontrar novos caminhos, uma nova rota de crescimento e melhoria é afastar-se um pouco!
Um pouco de afastamento lhe traz perspectiva, clareza, reconexão com sua natureza, visão ampliada e muito mais!
Afaste-se do vidro!”

@mariohmeireles

Dê-se um tempo!

Às vezes você está dando cabeçadas no vidro como uma mosca que, com apenas um passinho para trás, veria tudo com clareza e encontraria saídas e melhores caminhos!

Afaste-se, tire um tempo para avaliar alternativas, encontrar lugares onde você é relevante, útil e possa se expressar, trocar e crescer!

Sem troca, não há crescimento!

Então, avalie o ambiente, as pessoas, os planos e projetos, avalie tudo!

Encontre alternativas e mergulhe!

Um pouco de afastamento ajuda-o a ampliar a perspectiva!!

Leitura 121

> “*A FONTE divina de energia, prosperidade, alegria,*
> *saúde, paz, inteligência, luz e abundância...*
> *NUNCA DESLIGOU e NUNCA DESLIGARÁ!*
> *Se as coisas não estão acontecendo para você,*
> *EXISTEM AJUSTES A SEREM FEITOS!*
> *Olhe-se, procure ajuda, aconselhe-se e mude!*
> *Dê atenção aos seus planos!*”
>
> @mariohmeireles

Hoje eu dei um conselho para uma pessoa que gerou imediatamente mais renda e segurança para ela e para a família dela!

A prosperidade já estava ali.

Já estava na porta!

Mas, distraída e sem colocar ação, a pessoa não conseguia abrir a porta para que todas essas coisas boas entrassem e transformassem o rumo das coisas!

São ajustes!

Eliminação de desculpas!

Ação massiva!

Visão e fé!

É o que basta para grandes mudanças acontecerem!

Invista em você!

Invista nas suas ideias!

Elas valem a pena!

Leitura 122

"CRIE EXPECTATIVAS!
SIM!
Sei que disseram para não criar.
Esse é um pensamento apoiado em medos antigos. ESQUEÇA!
A expectativa, o desejo e a vontade SÃO AS
SEMENTES da MANIFESTAÇÃO!
Contudo, desapegue-se do resultado!
Se der certo, é benção.
Se não der, é lição e direcionamento!"

@mariohmeireles

Convenceram-no a não criar expectativas e tornaram-no ESTÉRIL do ponto de vista criativo!

Quem nada espera, nada faz!

FAZEMOS COISAS PORQUE ESPERAMOS QUE ELAS ACONTEÇAM! Oras!!

Frustrações antigas, dores antigas e desavenças passadas NÃO DEVEM SER SUAS REFERÊNCIAS!

Isso seria diminuir e negligenciar o aperfeiçoamento do Universo e o entendimento dele em lhe mandar novas experiências e lições!

CLARO que as coisas podem sair de uma maneira que você não esperava!

E mesmo que você as julgue como ERRADAS, para Aquele Que Tudo Sabe, elas estão perfeitas!

Ousar dizer que o Universo e Deus não sabem o que fazem seria a máxima expressão da fragilidade de fé e não entendimento de como as coisas funcionam!

Por isso, desapegue-se do resultado!

Acredite nas ideias e nas pessoas, porém ACREDITE MAIS AINDA que – INDEPENDENTEMENTE DO DESFECHO – estará tudo certo!

Expectativas são sementes criativas!

Crie, cultive, nutra, faça crescer e receba O RESULTADO DESEJADO ou A LIÇÃO NECESSÁRIA!

Leitura 123

"Você nunca sabe quantas melancias existem dentro da semente ATÉ QUE VOCÊ PLANTE!
Um simples ato de coragem seu já é o suficiente para o Universo realizar milagres!
A vida sempre devolve MAIS!
Se você não plantar, ok! Nada muda!
Agora, já pensou se der certo?
PLANTE A SEMENTE."

@mariohmeireles

Um pequeno ato de fé e coragem seu já é o suficiente para o Universo trabalhar um novo milagre e um novo futuro para sua vida!

De uma semente saem milhões de outras novas sementes!

De um ato, milhões de outros atos são criados e toda uma nova história é escrita!

Diga sim!

Aceite convites!

Escreva o texto!

Poste a sua inspiração!

Comece o novo projeto!

Entre naquele negócio!

Coloque a estratégia nova!

Acredite na ideia!

PLANTE A SEMENTE!

A gente já sabe o que acontece se você não plantar.

Mas a gente quer descobrir o que acontece se você plantar!

Qual o futuro que se desdobrará do seu ato de coragem e fé em se jogar em uma nova e louca possibilidade!

"Se joga" e deixe o Universo acolhê-lo surpreendentemente com uma vida ainda mais incrível!

Leitura 124

“Seja comendo um risoto sofisticado em Londres, seja comendo um simples pastel na feira do bairro, eu desejo-lhe humildade para que seu EU esteja igualmente PRESENTE em ambos!
O coração humilde e aberto a todas as opções o faz viver o Máximo que a vida oferece!
Abra o coração para o mundo!”

@mariohmeireles

Já comeu um pastel às 15 horas com a fome de um dia inteiro caminhando e sem comer?

Pois é! Então, você me entende!

Quem tem o coração simples e humilde pode perceber o prazer em todas as vertentes da vida.

Saber apreciar o sofisticado e o simples com a mesma Presença é sinônimo de grandeza!

Sinônimo de que você cresceu a ponto de englobar ambos os extremos que a vida tem para lhe oferecer!

Estar aberto ao mundo é aproveitar todas as possibilidades que existem entre as duas pontas deste Universo dual!

"*Respire!*
A paz está chegando!
A cura está chegando!
As oportunidades estão chegando!
As pessoas certas estão chegando!
O amor e as amizades estão chegando!
O descanso está chegando!

Trabalhe firme com gratidão e foco no presente,
mantendo uma incrível visão positiva de futuro!
Essa é a mágica!"

@mariohmeireles

Leitura 125

"Na real, não importa hoje o seu 'nível de sucesso' social.

Como cada um começou de lugares e em condições diferentes, o que realmente importa é se você ESTÁ ORGULHOSO DE SI MESMO E DE SUA CAMINHADA.

Se você olha para trás e se sente feliz pelo seu progresso, você zerou o game!!"

@mariohmeireles

Acabe com as comparações! Para seu próprio bem!!!

De nada servem à medida que saímos de condições diferentes!

Nascemos em famílias diferentes, com hábitos diferentes, culturas diferentes, cidades diferentes, escolas diferentes, influências e parentes diferentes...

Se tivemos começos diferentes, do que vale a comparação?

Sua comparação – por mais clichê e piegas que pareça – tem que ser consigo mesmo e ponto!

É sobre se você olha para sua trajetória e consegue sorrir e se orgulhar de si!

Do contrário, mude!

Mude o que você faz, o que você pensa, o que você constrói diariamente!

TUDO É JORNADA!

Continue caminhando e crescendo no processo!

Leitura 126

“É maturidade parar de vez em quando!
Descansar quando precisar.
Seguir seu próprio ritmo.
Blindar sua energia.
Expandir sua aura.
Fortalecer os pensamentos e a força de vontade!
Faça pausas sem desistir de avançar!

Respeitar os limites do seu corpo é expressar amor-próprio!

@mariohmeireles ”

Sem soberbas de que não precisa descansar ou “eu aguento”. Para quê?

Qual o benefício de se esfolar emocional, psicológica e fisicamente?

É preciso, obviamente, não estacionar nas pausas nem torná-las permanentes!

Mas faça!

Repouse!

Descanse!

Fluir, sentir e agir com a intuição são as novas habilidades que você deve aprender e praticar!

É chegado o tempo de nossa sociedade descobrir como avançar com qualidade, saúde, inteligência e paz de espírito.

*"Somos uma força da natureza!
Pequenos bloquinhos de energia!
Livres para gerar movimento, catalisar
mudanças, direcionar emoções e agir
na intensidade e onde desejar!*

*Muitos fogem desse conceito!
Ele carrega a plena responsabilidade
sobre nossa vida!
É ter poder absoluto!*

É ser espelho de Deus"

@mariohmeireles

Leitura 127

*"Deixe as folhas e os galhos secos caírem!
Eles foram necessários para o crescimento da árvore, mas cumpriram sua missão!
Após o Inverno, tudo o que caiu vira nutriente para gerar mais crescimento e frutos maiores!*

*É a natureza dizendo:
'Atravesse o Inverno, deixe-se despedaçar e cresça mais forte!'."*

@mariohmeireles

Eu consigo ver como essa metáfora se encaixa em várias áreas da vida!
A natureza sempre ensina!
Você consegue enxergar as lições?
Quando a vida parecer desmoronar diante de si, lembre-se da natureza.
Tudo o que cai da árvore deixa-a mais forte!
Trabalhe para fortalecer seus pensamentos e renove-se para crescer ainda mais forte!

“*Você é a pessoa dos sonhos de alguém! Alguém exatamente como você sonha e quer estar, em algum canto do planeta, procurando por alguém exatamente como você!*

A inteligência universal não erra! Oferta e demanda são plenamente atendidas sempre!

Confie na sua originalidade! Na sua personalidade! No seu carisma!

O interior é sempre maior que o exterior, e todas essas crenças nutrem seu magnetismo pessoal!

Aos olhos da pessoa certa, aquilo que você considera defeito é a coisa mais perfeita do mundo.”

@mariohmeireles

Leitura 128

> *"Você vai errar tentando acertar! Fato!*
> *Mesmo com boas intenções, algumas pessoas ficarão chateadas ou ofendidas com você!*
>
> *Mal-entendido, mal interpretado, julgado etc., etc.!*
> *Apenas não se martirize! Não se culpe!*
>
> *Se sua intenção for boa,*
> *até o seu tropeço fará você cair para a frente!"*
>
> @mariohmeireles

Nesta semana, aconteceu comigo! Tentando acertar e fazer algo bom, eu ofendi e desagradei algumas pessoas.

É necessário fé para enfrentar o mal-estar causado!

Fé porque sua intenção é boa, mas o caminho nem tanto!

E mesmo após pedidos de desculpa, algumas pessoas se mantêm ofendidas, e isso nos faz sentir que somente a fé mesmo pode nos dar segurança de que as coisas ficarão boas!

Acredito que a lição não seja apenas sobre ter fé!

É sobre também não se culpar, não se martirizar ou ainda remoer-se vendo o que poderia ter sido feito de diferente!

É aprender, esperar e confiar que a sua intenção pura e boa sempre cria o caminho correto e traz o resultado desejado! Até mesmo quando parece dar errado!

Tenha fé!

Se você for puro de intenção,

tudo ficará bem!

Leitura 129

"Pessoas hipersensíveis precisam ser hipercautelosas com o que fazem!
Hiperfocadas nas questões profissionais!
Hiperseletivas com quem interagem!
Hipercriteriosas na troca de energia!
A hipersensibilidade amplifica suas experiências boas e ruins!
Tome um hipercuidado!"

@mariohmeireles

Você é um empata? Atenção!

Absorve a energia dos outros e sente exatamente as dores e alegrias que a pessoa sente? Mais atenção ainda!

Tanto do ponto de vista energético quanto físico, pessoas sensíveis amplificam a experiência que a vida traz!

Você sabe aonde as coisas vão chegar.

Você tem inteligência e intuição!

Apenas está distraído e desatento!

Mas tenha hipercritério nessas horas!

Repense!

Reavalie!

Reajuste!

Para você, os custos de não seguir seus sentimentos e suas intuições é muito alto!

Ao mesmo tempo, quando as coisas vão bem, a sensação é hiper amplificada! Vale a pena!

Tenha sempre uma hiperpresença e hiperatenção, e a vida será hiperdivertida!

Leitura 130

"Se você sentir que 'não tem uma galera' ou 'sentir-se desajustada', ou ainda sentir que 'não consegue acompanhar o mundo' etc.
Pare!
É totalmente o contrário.
Existem diferentes níveis de consciência coexistindo no planeta!
Talvez você seja uma das pessoas que já estejam em 2050.
Relaxe!"

@mariohmeireles

Não há nada errado com você!

Nada errado com seus rituais e seu jeito doce de ver o mundo!

Está tudo certo!

Você é uma pessoa que não veio para manter a máquina funcionando, mas para trabalhar na criação da nova!

Todos somos igualmente importantes!

Necessários!

E "certos"!

Apenas encontre sua tarefa nessa transição de consciência!

Uns trabalham para manter, outros trabalham para criar o próximo passo, e alguns trabalham dando suporte à transição!

Então, caso você se sinta fora do tempo, é isso mesmo!

Talvez sua mente, suas ideias e seus comportamentos já estejam para a Terra de 2050!

Conheço muita gente que já está talvez até mais à frente do tempo do que 30 anos! São pessoas incomuns para nós, normais, mas perfeitamente ajustadas para a próxima etapa social que criaremos!

Apenas sinta-se bem!

Confie!

Encontre seu papel nessa transição!

E está tudo certo!

"Quando as coisas não derem certo e
tudo sair exatamente como você não queria,
use a experiência para:

aumentar a Clareza sobre o que você quer,
reforçar seu desejo de mudança,
aprender e fazer ajustes
e melhorar seu jogo!

O Universo consegue transformar
os erros em acertos!
Avance!"

@mariohmeireles

Leitura 131

“Hoje, vista-se para si mesmo, mesmo que não encontre ninguém!
Alimente-se bem, mesmo sem postar!
Passe perfume, mesmo se ficar em casa!
Sorria sozinho!
Sorria para você!
Escute e dance suas músicas favoritas na sala, no carro, no ônibus.
Isso é saber viver!”

@mariohmeireles

Se você consegue sorrir sozinho para si mesmo, você entendeu tudo!

Está dando aula sobre como encarar a vida e está vivendo em paz.

Sorria ao levantar-se da cama!

Ao ir ao banheiro!

Encontre essa paz na rotina!

Vai lhe fazer bem, curar dores antigas lentamente, atrair coisas boas para o futuro!

É um grande privilégio estar vivo!

Nesse momento da história!

Nessa pessoa que você é!

Reconheça isso e aja de acordo!

“Bora” voar!

"Perdoe rapidamente!

Quando o magoarem, destratarem, ofenderem...
Perdoe rapidamente, pois todos nós erramos!

É compaixão!

Fará muito bem a você e trará
ainda mais felicidade!

Um coração leve sobe mais alto!"

@mariohmeireles

Leitura 132

“Ressaca ENERGÉTICA!
Muito além da ressaca física ou da ressaca moral,
você precisa cuidar da sua ressaca de energia!
Após as festas e os eventos, tire um tempo para ficar só, com sua própria energia, em meio à natureza, no mar ou em casa!
Sua energia importa muito!
Ela é a massinha de modelar da sua realidade individual!”

@mariohmeireles

Você fica cansado após encontrar com muita gente? Pode falar! É normal e TODOS sentem isso em maior ou menor grau!

E não é sobre energia positiva ou negativa – para que não toquemos em questões de complexo de superioridade –, é apenas sobre energias DIFERENTES!

Você pode estar com uma criança superpura e alegre, mas estar exausto após o dia!

Pelas ações físicas, claro, mas também pela energia que é diferente!

Estar em um ambiente novo e com pessoas novas dispara inúmeros gatilhos em seu cérebro, desde segurança até acasalamento (engraçado, mas real), e seu campo áurico também é tocado por inúmeras auras de outras pessoas!

Talvez você não acredite, mas DEVERIA!

No mundo de consciência expandida em que estamos entrando, você deveria colocar um pouco mais de atenção ao modo como entra e sai de reuniões e eventos!

Isso fala muito sobre você, sua sensibilidade, sua capacidade de influenciar e ser influenciado energeticamente!

Cuide do fígado, claro, mas cuide da ressaca energética!

Sua energia é preciosa e determina toda a sua vida!

Leitura 133

“Quando você tenta tomar atalhos para fazer as coisas acontecerem, é a demonstração inconsciente de que ‘você acredita que a velocidade do Universo esteja errada’.
É uma violação grave.
A vida vem e o corrige.
Não para puni-lo, mas para prepará-lo para um crescimento ainda maior!”

@mariohmeireles

A vida tem uma forma direta, clara e prática de nos corrigir!
Nossa natureza mimada faz a gente acreditar que as coisas têm que ser do nosso jeito.
Que as pessoas têm que ser do nosso jeito.
Que DEUS deveria se comportar da forma que a gente quer
Hahahahahahahahahahahahahahahahaha!
(Calma que, quando me dou conta disso, eu dou risada de mim mesmo.)
E não!
Não há nada errado!
Sua pressa em acelerar alguns processos vai atrasar muito o seu caminho.
Corrija-se, ajuste-se e as coisas virão!
Esse é o caminho mais rápido!
Ponto!
Estamos TODOS nesse processo de autocorreção e crescimento!

"Você tem um coração tão grande e com tanto amor pra dar que o Universo demora um pouquinho para preparar alguém para receber tudo isso do jeitinho que você quer!

Continue acreditando no amor!"

@mariohmeireles

Leitura 134

“ *Sua PRESSA está machucando-o!*

A natureza ensina que a persistência da água atravessa uma pedra.
Que a semente plantada gera uma árvore com infinitos frutos.
Que o vento carrega uma montanha de areia por quilômetros!
Respeite o tempo!

Não deixe a ansiedade sabotar seus sonhos! ”

@mariohmeireles

Não saber lidar com a espera, o cultivo, a construção etc. nos faz sabotar nossos planos!

Jogamos, às vezes, meses de trabalho fora simplesmente por “não sabermos lidar” com a espera de forma paciente!

No mundo atual, obviamente, queremos tudo para ONTEM!

Queremos também viver a vida que vemos nas redes sociais de pessoas que já “chegaram lá!” Ou – e isso é perigoso – de pessoas que JÁ NASCERAM LÁ!

Respeite seu processo.

Seu crescimento.

Sua caminhada.

Respeite e tenha visão de futuro!

É a visão que o mantém forte para caminhar!

É a visão que faz você persistir e continuar!

Avance!

Pacientemente, avance!

Leitura 135

*"A vida é muito curta – e imprevisível – para
ficar brigado com seus pais e/ou filhos...
Ninguém ganha nada em uma relação conflituosa!
Crie harmonia!
HOJE é um bom dia para pedir desculpas,
HOJE é um bom dia para mandar notícias!
HOJE é um dia perfeito para sermos melhores!
Vai!"*

@mariohmeireles

Relações difíceis são um treino!

Treino para melhorarmos e trabalharmos nossas áreas mais desafiadoras internamente, não um treino para perdermos e desistirmos!

Aproveite o final de semana e crie, melhore, intensifique ou CURE E CONSERTE a relação com seus pais.

Pais têm uma energia confortável quando estamos alinhados!

Claro que existem casos e casos, histórias e histórias... Mas curar essa relação – PRINCIPALMENTE DENTRO DE VOCÊ MESMO – traz coisas incríveis pra sua vida!

Tenha coragem de caminhar em direção à cura dessas relações!

Valerá a pena!

Leitura 136

> “*EGO: 'Ah, se eu fosse realmente importante para eles, eles teriam me tratado melhor.'*
>
> *EU SUPERIOR: 'O comportamento das pessoas é um indicativo de suas próprias feridas e de como elas se sentem com relação a si mesmas!'.*”
>
> @mariohmeireles

Nós ficamos sempre "muito ofendidos" com o comportamento dos outros quando eles nos agridem.

Mas, afinal, o que é uma agressão?

O que é um xingamento?

O que é uma palavra ríspida se não apenas uma confissão de dor e medo daquele que gerou tal atitude?

Quando li essa verdade, eu fiquei realmente aliviado!

Passei a ver todos os comportamentos agressivos como pedidos de ajuda!

Não deixei que a raiva do outro manifestasse raiva em mim, muito pelo contrário, ela passou a gerar – e pretendo continuar evoluindo nisso – COMPAIXÃO!

Vamos ajudar uns aos outros nessa caminhada!

Cada um carrega dores e batalhas secretas nos seus corações!

Espalhe compaixão!

“*Não faz sentido você dizer que acredita
no poder do Universo e defender a
ideia de que 'você pode tudo!'...
... Se na oportunidade de dar um salto de coragem,
fazer uma mudança ousada e iniciar uma nova
trajetória você simplesmente NÃO FAZ.*

*Você acredita ou não?
Pare de se enganar!
Coragem!*”

@mariohmeireles

Leitura 137

“Você pode ser uma baita pessoa diferente,
interessante, culta e engraçada!
Mas se você escolhe ajustar-se ao comum, encaixar-se
na galera, vestir-se e comportar-se feito todo mundo,
TODO MUNDO perde o melhor da sua personalidade!
VOCÊ NÃO É TODO MUNDO!
‘Anormalize-se’!”

@mariohmeireles

Não gaste mais nenhum dia indo a lugares, fazendo coisas, comprando itens e roupas ou qualquer coisa que esteja fazendo apenas para se adequar!

De um móvel da sala a um roteiro de viagem, seja sincero se está fazendo algo que o desagrada para agradar mais alguém além de você!

Esses são pequenos atos de violência contra você e sua própria personalidade.

Seja você!

Expresse-se!

Todo mundo ganha quando alguém está representando o diferente e exclusivo papel de ser si mesmo!

"Talvez você precise dar uma chance para
as pessoas conhecerem-no novamente!
Você mudou muito!
Você cresceu!
Amadureceu!
Algumas conversas já não se
encaixam mais na sua vibe!
Pensamentos novos surgiram em sua
mente, suas opiniões mudaram, o
seu velho eu já não existe mais.

Essa sua versão mais elaborada vai
ser novidade para muita gente!
Surpreenda-os!"

@mariohmeireles

Leitura 138

"*O seu crescimento não se encerra na última empresa.*
Nem no último romance.
Nem na última viagem, conversa,
curso, carreira ou profissão!

Há muito potencial inexplorado em você!
Suficiente para todas as suas múltiplas personalidades
(sei que você as tem) se expressarem!
Continue crescendo!
Continue redescobrindo-se!"

@mariohmeireles

Ainda há MUITA VIDA a ser vivida através de você!
Continue experimentando-se!
Expandindo!
I N O V A N D O.
Mude a forma como você faz as coisas, as estratégias e os comportamentos!
Experimente algo diferente!
Se vai dar certo, eu não sei!
Mas sei que você aprenderá algo novo e crescerá com o teste!
O que é, da mesma maneira, uma nova forma de crescimento!

Leitura 139

> *“Tudo é FASE.*
> *As coisas estão ótimas? É uma fase.*
> *Estão péssimas? Também é fase!*
>
> *A próxima fase virá infalivelmente, e sua passagem por ela dependerá de como você atravessou a fase anterior!*
>
> *Equilibre ousadia e cautela.*
> *Obstinação e desapego.*
> *Trabalho e descanso!*
> *Flua com leveza!”*
>
> @mariohmeireles

Pessoas mais intensas talvez tenham mais dificuldade com isso, mas permitam-se fluir!

Tudo vai passar!

E se você, nessa fase ruim ou boa, atravessar bem, na fase seguinte, você entrará ainda mais bem preparado!

Se você for muito bem-sucedido em atravessar a fase boa, mantendo crescimento pessoal, relacionamentos e expandindo todas as áreas, a próxima fase não precisa ser necessariamente ruim.

Pode ser que, ao invés de boa, a próxima seja a fase Ótima!!

Avance com equilíbrio!

Leitura 140

*"Pessoas vão descrevê-lo e 'entendê-lo' do modo
que conseguem elaborar com base nos elementos
aprendidos em suas próprias jornadas.
Limitarão você dentro dos contextos delas!
Não é por mal,
elas só não têm ideia de quanto suor e lágrimas
você já derramou secretamente!*

Só você e Deus conhecem plenamente o tamanho da sua força!"

@mariohmeireles

Quando dizem o que eu devo fazer, sempre reflito duas ou três vezes!

Eu confio no meu taco, na minha conexão com a fonte e orientações da intuição e inteligência.

Claro, como um bom espelho que sou, eu escuto com muita atenção!

A resposta pode estar em qualquer canto!

Porém, sempre é importante entender que NINGUÉM CONHECE SUA FORÇA MELHOR DO QUE VOCÊ!

Todo conselho vem com a óptica do outro!

E Você teve uma jornada diferente!

Mantenha-se caminhando.

Respire fundo!

Encare seu caminho!

Trabalhe todo dia!

Há uma força enorme em seu coração para manifestar qualquer coisa que você queira!

Confie no seu taco!

Você vencerá seus desafios!

Leitura 141

"Pessoas vão olhar seu trabalho e inspirar-se, aprender e até mesmo copiar!
E, ainda por cima, nunca lhe falarão nada!
Você compreende!
Não por ser melhor que elas, não tenha essa arrogância, mas, sim, porque sabe que não trabalha nem para elas nem pra ninguém!

Você trabalha para o TODO!
É assim que se sente aquele que tem senso de propósito bem definido."

@mariohmeireles

Propósito é trabalhar para o TODO! Entender que o que você faz é parte de um plano maior e que, sem vaidades, você contribui para o bem-estar e a melhoria da vida das pessoas... Isso é ter propósito!

É para isso que você veio!

Para somar ao Todo!

Seu trabalho não é defender bandeiras, e sim defender o Ser Humano, a Vida e o Mundo!

É para isso que você está aqui!

Podem tentar dificultar, mas você contorna, levanta a cabeça e segue o jogo, pois quando você é guiado por um Propósito Maior, a sua fonte de energia é igual à origem dela, INFINITA!

Leitura 142

"'Eu pensei em fazer isso, mas fiquei com medo de...'
'Eu pensei em não fazer isso porque tenho medo de...'
'Não isso, não aquilo por receio disso e daquilo...'
O MEDO não é seu guia!
O MEDO não o direciona!
Ele o protege EM ALGUNS CASOS, claro, mas não o deixe protegê-lo da vida que você sonha!"

@mariohmeireles

Uma nova vida sobrepõe OBRIGATORIAMENTE a velha vida!

O medo de perder a vida que se tem é o que impede de ter a vida que se quer!

Não deixe o medo ser seu guia!

Mudar dói!

Crescer dói ainda mais!

Ambos só não doem mais do que permanecer estático!

O medo morre de medo da mudança!

Mate-o!

Leitura 143

“Ser uma pessoa altamente sensível e empática em ambientes hostis ou em uma sociedade agressiva é algo duro e doloroso!
Mas continue!
Ser sensível é um PRIVILÉGIO e uma linda qualidade humana!

Que você saiba manter essa Dureza sempre do lado de fora e Nunca Dentro do seu Coração!”

@mariohmeireles

Você é sensível? Força! Continue generoso!

Continue amoroso!

Continue lendo mentes e sentindo os corações das pessoas!

Continue acreditando no ser humano e mantendo a fé de que somos todos bons!

Qualquer coisa que não venha com boa energia é medo, condicionamento, vaidade ou “piração” do Ego!

Acredite nas pessoas!

Que este seja o momento de reconciliações, perdão e cura!

"*Esteja com alguém que entenda suas loucuras!*
Que apoie sua lista de tarefas e metas!
Que ame seus cristais, suas plantas,
ervas, aromas e seus bichos!
Apenas tolerar e conviver não é
o suficiente para você!
O que você quer ainda não tem
palavra que explique!
Você quer uma conexão inefável!"

@mariohmeireles

Leitura 144

"Somos CONSTANTEMENTE condicionados sobre como devemos pensar e nos comportar no mundo!
O mundo quer "normalizá-lo" agredindo seus pensamentos diferentes e comportamentos fora do padrão!
Continue "causando"!
Quebrar as regras é o caminho mais certo em um mundo que normalizou a mediocridade e a escassez!"

@mariohmeireles

Prosperar e Florescer são atos de rebeldia em uma sociedade que o pressiona a ser Apenas Mais Um.

Você não foi criado para ser só mais um.

A natureza teve todo um trabalho pra torná-lo um ser único.

Com ideias únicas e habilidades exclusivamente suas!

EXIGE UM ESFORÇO ENORME conformar-se e cortar todos seus impulsos!

É um esforço sobrenatural, no sentido literal da palavra! Afinal, VOCÊ ESTÁ SOBREPONDO A SUA NATUREZA ANORMAL E PECULIAR!

Ponha aquelas ideias exóticas pra fora!

Pensar é ser rebelde!

Estudar é ser rebelde!

Realizar é ser rebelde!

Prosperar e ser feliz é ser rebelde!

Criar e crescer é ser rebelde...

... Neste mundo que quer torná-lo apenas mais um

no meio da massa!

Rebele-se!

*"A cura não está no mesmo lugar e contexto
nos quais a dor ou doença foram causadas!
Quando queremos tratar um peixe, nós tratamos
a água e cuidamos de tudo o que está no entorno!*

Talvez seja a hora de você refletir a respeito disso.

*Para mudar e melhorar sua
saúde física, financeira,
emocional ou psicológica,*

MUDE DE AQUÁRIO!"

@mariohmeireles

“*Que sua lista de metas da semana inclua:*
PERDOAR. Para aliviar o coração.
PEDIR DESCULPAS para sua consciência.
DIZER CHEGA para sua saúde mental.
DIZER SIM para o que o alegra.”

@mariohmeireles

Leitura 145

“*Tem gente que é 'feia', mas é 'bonita'!*
Tem gente que é 'bonita', mas é 'feia'!
No final, o que importa é como a pessoa nos faz sentir!
O que importa é como ela trata você, seus sonhos,
suas ambições e seus processos de mudança!

Não há pessoa mais linda do que aquela
que mobiliza o melhor em nós!”

@mariohmeireles

E, não adianta, somos seres emocionais!

Narcisistas nunca o farão se sentir bem!

Mesmo que externamente sejam lindos, a agenda e a referência deles são sempre eles mesmos!

Filtre, caminhe, cuide de seu emocional e busque inserir na sua vida pessoas que lhe tragam paz!

Saúde mental é a mais nova referência de beleza!

Leitura 146

“Às vezes você quer algo TÃO incrível e TÃO específico que demora para acontecer.

O risco é você achar que é impossível e desistir... Mas NÃO!

Nada é grande demais, nada é impossível, nada é maior do que o poder de realização da vida! Continue sonhando grande! Respeite o processo!”

@mariohmeireles

Respire fundo! Extravase a ansiedade!
Aumente as coisas que o alegram!
Fortaleça sua Vontade!
Reforce sua crença!
Não há nada grande demais!
Não há nada impossível demais!
Não há nada improvável demais para o Universo!
Mantenha-se sonhando grande!
Mantenha-se com a fé forte!
Mantenha-se visualizando e acreditando!
Continue alimentando o fogo no coração e a paixão pela vida!
O Universo não resiste a um coração determinado!

Leitura 147

“*Um dia você diz 'já chega!'*
às pessoas que o desrespeitam,
aos hábitos ruins,
às emoções reprimidas,
aos lugares desconfortáveis,
aos relacionamentos infelizes,
aos trabalhos sem propósito,
à falta de amor-próprio!

E ESSE DIA será o que em que tudo mudará na sua vida!”

@mariohmeireles

CHEGA!!!!!! Até quando você vai ficar nesse lugar?
Sem saber o que precisa?
Sem agir como deve?
Sem se cuidar como merece?
Sem aplicar todo o conhecimento que tem?
Sem mudar o que tem que ser mudado?
Até quando você vai tolerar viver menos do que seu potencial lhe permite?
CHEGA!
A gota d'água que transborda o copo PRECISA chegar!
Nesse dia, tudo vai mudar!
Acredite!!

“Que somente pessoas do bem se aproximem!
Que Somente pessoas amáveis entrem!
Que Somente aqueles que somem, nutrem
e apoiem as qualidades se conectem!
Que você esteja sempre cercado de anjos e que
sempre se lembre de agradecê-los em sua vida!

Essa é a minha oração para você hoje!”

@mariohmeireles

Leitura 148

“Muitas coisas na vida são como fazer pipoca!

Se você ficar ligando e desligando o fogo,
a pipoca NÃO ESTOURA!!
Trabalhe todo dia!
Ponha um pouquinho de energia todo dia!
Mantenha a constância!
Chega de recomeços e DECIDA de uma vez por
todas a se comprometer com o processo!
Até o fim!
Até a vitória!

Queira saborear a pipoca!”

@mariohmeireles

Seja fazendo amor, seja cozinhando um bolo, construindo um negócio ou correndo uma maratona, NÃO PARE NO MEIO!

Há coisas que, se esfriar, você não recomeça de onde parou, você volta muitos passos!

E agora é hora de decidir que isso não faz mais parte de você!

Não é a 50ª machadada que quebra a pedra, são todas as 49ª anteriores.

A 50ª não quebraria a pedra se não fossem todas as machadadas que foram dadas e não quebraram a rocha!

Continue trabalhando até a gota d’água chegar, aquela que transbordará seu copo e fará a prosperidade abundar definitivamente para a sua vida!!

Ritmo e constância mudam qualquer história!

Leitura 149

“*Muitos xamãs e bruxas modernos não moram nas montanhas, não raspam os cabelos nem têm barba até o joelho...*

Os verdadeiros já transcenderam o físico e AINDA ASSIM o respeitam, amam e cultivam sem se identificar!

Tanto faz a casca, o que importa é integrá-la à sua Magia Espiritual!”

@mariohmeireles

Você vai encontrar bruxos nas academias, nos salões de beleza, nas clínicas estéticas, nos retiros espirituais, nos shows de rock, nas rodas de samba etc.

TODA A CRIAÇÃO recebe o mesmo carinho e permissão de existir (do contrário, o poder infinito não deixaria acontecer, não é?).

A MAGIA é buscar o entendimento além do físico, sem negligenciá-lo ou, no extremo oposto, cultuá-lo!

Os alquimistas modernos INTEGRAM o físico.

Não são só zen nem só sólidos.

Nem só fluidos nem só rochas.

São mestres na arte de integrar todas as ferramentas das diferentes dimensões de consciência para realizarem suas magias!

Já sabem que a casca é só a casca!

Já têm a certeza de que toda magia é interior!

Será você um deles?

"ACEITAR e DESAPEGAR são
diferentes de ligar o FOD4-SE.

A emoção e a intenção sinceras (o nosso ponto
de atração, para aqueles que entendem sobre
a lei da atração) SÃO DIFERENTES!

Uma é apoiada no entendimento de
que tudo está certo e ficará bem!
A outra pode vir com raiva e
vontade de se livrar de algo!
A Energia é diferente e é ela que manifesta tudo!
Priorize a sua energia!
Mantenha a vibração alta."

@mariohmeireles

Leitura 150

"É NORMALÍSSIMO você hoje querer vender tudo, viajar o mundo, sumir e amanhã querer ficar em casa trancado e sozinho!
Querer ser fitness e querer o pacote de BIS inteiro!
Querer abraçar e querer distância!

Você é um ser DUAL!
Apenas direcione as vontades certas para seu momento!"

@mariohmeireles

O plural que habita em mim saúda o plural que habita em ti!

Sentir vontades é normal, desejos e ímpetos!

Não reprima isso!

Apenas direcione o que cabe ao seu momento atual e aos compromissos mundanos já assumidos e definidos!

Você é dual, ponto!

Saber viver é entender e usar tudo isso a seu favor!

Usar a dualidade com sabedoria é tornar-se mais completo e ampliar a própria experiência de vida!

Viva o melhor de cada momento!

Leitura 151

> *"Perceber-se desimportante é fundamental para manter a humildade!*
>
> *Só uma mente humilde, que solicita ajuda, que reconhece erros, que trabalha para ser mais harmônica e que trabalha em si mesma é que continua crescendo!*
>
> *Onde, em sua estagnação, falta humildade para aprender o novo?"*
>
> @mariohmeireles

Se você não está crescendo, há soberba em algum ponto!

Há falta de humildade para pedir ajuda, trabalhar os defeitos, traumas, medos, bloqueios etc.!

Avalie-se, seja honesto consigo mesmo!

O crescimento compensa e justifica!

Não somos tão importantes, o mundo não gira ao nosso redor, as pessoas continuam após nossa saída!

Precisamos de muita humildade para continuar crescendo!

Que mantenhamos o coração aprendendo e buscando crescimento contínuo!

A humildade é uma qualidade que traz retornos incalculáveis!

Leitura 152

"*O risco é você ficar viciado em ser quem você não é!*

Manter um personagem irreal.
Estar em lugares ou com pessoas que não têm a sua energia.
Comprar o desnecessário para suprir
necessidades que não são suas!

Você precisa se enxergar de verdade!
Quebrar o condicionamento social!
Entender o valor único e especial que só você traz!"

@mariohmeireles

Saia do personagem! Entenda quem é para que não confunda os dois, você e o(s) seu(s) papel(is) condicionados pela sociedade!

Desde o nascimento, você foi sendo programado para atender às expectativas de outros (pais, professores, escola, sociedade, vizinhos, país, chefe e colegas).

Não se perca nesses diversos papéis!

Dentro de você existe alguém que sabe do que é capaz!

Reencontre essa pessoa!

Ela guarda o poder de realização dos milagres que você busca!

“*Hey! Calma! Respire!*
Segure o cronômetro!
Dá um stop nesse corre!
Tira UM DIAZINHO só para você!
Sei que precisa e merece!

Isso faz você reencontrar-se, faz com que organize
a casa e os pensamentos, encontre ordem.

É contraintuitivo, mas uma pausa fará
você andar mais rapidamente!”

@mariohmeireles

"Você não está aqui para convencer ninguém!
Você quer encontrar aqueles que se
alinham com sua vibração!
Se estiver convencendo alguém a acompanhar,
aceitar, namorar ou viver com você, pare!

Ao menor desinteresse, pare e respeite-se!

Quando há alinhamento, as
coisas fluem facilmente!

Esse é o maior indício de que você
esteja no caminho certo!"

@mariohmeireles

Leitura 153

"*Construir algo exige energia e vontade!*
Eu tomo o cuidado de seguir pessoas reais, influenciadores
que construíram seus próprios caminhos.
Vidas reais. Pessoas reais.
Não deixo ilusões ou irrealidades afetarem minha saúde mental.
Escolha referências saudáveis e que o fortaleçam!

Sua saúde mental e psicológica é um ativo em seu negócio!"

@mariohmeireles

As pessoas têm histórias – origens e jornadas – diferentes das suas!

Ao escolher um influenciador ou uma pessoa como referência, trate de cuidar para conhecer seu caminho.

O COMO ela chegou lá!

Para que você não siga uma referência midiática e sensacionalista que venda um estilo de vida que não se enquadre na sua trajetória!

Por experiência própria, sei que a caminhada é exigente!

Que construir um estilo de vida com liberdade e harmonia exige bastante esforço e disciplina!

Por isso, escolho bem quem eu sigo como referência.

Pois sei que alguém sempre paga a conta!

E, para a maioria de nós, quem paga essa conta somos nós mesmos!

Cuide da sua saúde mental e física, das suas finanças e foque no longo prazo!

A vida dos sonhos vai chegar! Mas a sua forma de construí-la é diferente e exclusivamente sua!

Escolha boas referências!

*"Que todo o amor que você tiver para dar
em seu coração encontre um coração
igualmente pronto para receber e retribuir!*

*O amor é lindo por si só!
Mas é maravilhoso quando compartilhado!*

Que seus amores sejam sempre recíprocos!

Essa é a minha oração para você hoje!"

@mariohmeireles

Leitura 154

"Vá com o que você tem!
Deus pode não ter lhe dado a beleza das celebridades,
o berço de ouro, a família estruturada, a escola...

Mas deu-lhe saúde, carisma, alegria,
determinação, ambição e honestidade...

BASTA UM talento dado por Deus e usado com
sabedoria para transformar sua Vida!

Conheça suas próprias forças, reconheça-as como incríveis e
como presentes do divino para a sua caminhada aqui, na Terra!"

@mariohmeireles

Basta UM talento dado pelo divino para mudar sua história!
Conheça suas forças e use-as!
Você chega aqui com uma origem e um acervo de qualidades pessoais!
É com isso que você vai jogar o jogo!
E, confie, basta!
Um talento bem usado multiplica bençãos na sua vida e na vida de todos ao seu redor!

Leitura 155

"Sobre ciência, é bom lembrar que:
Naturologia é ciência.
Astrologia é ciência.
Homeopatia, florais, acupuntura, reiki,
aromaterapia, musicoterapia, ayurveda...
... ATÉ A RECEITA DA SUA VÓ é ciência!

Existem milagres que os laboratórios
NUNCA vão conseguir explicar!
Abra a cabeça!
Os mistérios da vida fazem parte da ciência do Divino."

@mariohmeireles

A ciência só não explica a cabeça fechada de algumas pessoas!

Por experiência própria, descobri que existe muita coisa além do físico, do visível e palpável!

Deus criou muita coisa que ainda não sabemos! A gente mal conhece nosso próprio planeta, imagine entender o Universo e seus milagres!

Abra-se, experimente o novo, receba todas as maravilhas que a vida tem para lhe oferecer e dar!

Elas podem ajudá-lo a curar dores e a prosperar!

A ciência divina é mais ampla do que cabe em nossa imaginação!

"*Existem dias que ensinam muito!*
Você erra com alguns, acerta com outros.
Bate cabeça aqui, acerta 'na mosca' lá!
Perde de um lado, ganha do outro.
Bate sem querer e apanha também!

Dias que servem para pô-lo na
cadeirinha da humildade e mostrar
que você está aqui para aprender!

Agradeça por dias assim.
Ensinam, muitas vezes, mais do que
os dias em que tudo dá 'certinho'.

Você já teve dias assim?
Dias 'sala de aula'."

@mariohmeireles

Leitura 156

"O medo nos confunde. É incrível.
Nos faz nos ver menores, mais incompetentes
e incapazes do que realmente somos.
Faz-nos duvidar das nossas intuições, das nossas
certezas e das nossas capacidades!

O que você faria se não tivesse medo?!
Como seria sua vida?
Em qual 'lugar emocional' você estaria?
Vá para esse local.
É lá que a magia acontece!"

@mariohmeireles

Mas, Mario, "o medo me protege!".
É, até faz sentido em alguns casos.
Ele também nos impede de fazer algumas coisas estúpidas e arriscadas...
Mas você sabe do que eu estou falando!
Eu estou falando daqueles medos que estão travando-o!
Que você conhece.
Enxerga.
E diariamente deixa com que eles atrasem a sua vida!
Pergunto-lhe, "até quando?".
Quando isso muda?
Quando isso acaba?
Quando a nova vida começa?
Faça a mudança HOJE!
HOJE é o melhor dia para isso!

Leitura 157

> “*Dê-se um tempo!*
> *No mundo de hoje, TUDO é pra ontem!*
> *Tudo é demandante, urgente, imediato, rápido etc.*
> *Saiba que UMA decisão bem tomada, UM movimento certeiro trazem resultados para o Ano, quiçá para a Vida toda!*
> *Tome o tempo necessário para se alinhar, e então vá intensamente, como um foguete!*
> *Uma decisão bem tomada nunca deve ser considerada lenta demais!*”
>
> @mariohmeireles

Há pressão – pressa superlativa – sobre você em inúmeras frentes!

Você, inflexível que é, sente que vai rachar com essa pressão!

Que não vai aguentar e vai quebrar!

A pressão soma-se ao medo de quebrar, e sua tendência óbvia é decidir logo para se livrar da pressão!

Responder rápido!

Entrar no furacão que chega a você e se entregar à loucura da pressa coletiva!

Em contrapartida, uma outra faceta sua, um outro você dentro de você quer responder para não perder a urgente e acelerada oportunidade!

É nessa massa interligada de inúmeras pessoas e solicitações que vive você!

Às vezes sozinho!

Às vezes sem tempo para decidir!

Às vezes sem tempo para pensar!

Então confie! Espere o seu alinhamento!

Decida e vá com a intensidade de um foguete! Sem ré! Até exaurir o combustível! Até romper a atmosfera!

Até as estrelas!

Pois uma decisão muda tudo!

Respeite-a!

Leitura 158

"Sejamos o milagre!
Que nossa voz leve as palavras que curam!
Que nossos gestos levem o conforto necessário!
Que nossa generosidade levante os que caíram.
Que sua luz clareie os caminhos dos que se perderam!
Que Deus use suas mãos, sua voz e ações
para realizar milagres no mundo!
Seja um instrumento do Divino!"

@mariohmeireles

Hoje, ouvi estas palavras: "seja o milagre", e realmente me tocaram.

Pensei em quantos trabalhos voluntários, quanta ajuda, quantos ensinamentos, quanta generosidade podemos compartilhar para levantar a vida dos outros!

Deus não tem mãos e braços, mas VOCÊ TEM! NÓS TEMOS.

Nós podemos ser esse instrumento.

Sabe a sua caixinha de áudio com bluetooth? Então, faça igual!

Que você esteja conectado à fonte para que somente palavras de cura, de força e positividade saiam de você!

Que seja um transmissor de alegria e luz!

Que seja um agente de força e ajuda aos que mais necessitam!

Que você seja o veículo, o entregador quando alguém acionar o Delivery pedindo um Milagre para o Divino!

Entre em ação quando for necessário!

Você vai abençoar muitas pessoas e a vida lhe devolverá em muitas bençãos!

Seja o milagre!

"Hoje o sol brilha.
Talvez você não tenha tido um lar estruturado,
fortalecedor da sua autoestima!
Fragilizado, você encontrou pessoas
hostis que fizeram você acreditar ser
inferior, feio, fraco ou inadequado!
Hoje, tire tempo só!
Contemple a natureza!
Contemple a criação!
Contemple o TODO!
Contemple a si mesmo!
Admire-se!

Hoje é um lindo dia de cura!"

@mariohmeireles

“*Eu declaro que você viverá coisas*
inesperadas e incríveis!

Que encontrará parceiros, amigos e
amor durante a caminhada!

Que trocará experiências, histórias e lições de vida!

Que seu sorriso será leve,
confiante e apoiado na fé!

Eu declaro sua felicidade hoje, amanhã e sempre!

E você? Declara também?
Vamos juntos!”

@mariohmeireles

Leitura 159

“TUDO PODE MUDAR
Na próxima ligação, no próximo contato, no próximo e-mail, na próxima pessoa.

Muito além de pessoas, a vida nos traz PORTAIS!
Mais do que uma oportunidade de mudança, é todo um NOVO UNIVERSO que se abre a cada NOVA CONEXÃO!

Expanda-se!
Conecte-se!
Atravesse os portais!”

@mariohmeireles

Uma nova conexão com alguém abre todo um universo de possibilidades!

Aquela pessoa pode ser a grande mudança no seu negócio, na sua vida ou até mesmo ser a ponte para algo ou alguém que fará a mudança!

Pode ser uma lição envolvida numa embalagem de ser humano!

Um novo trauma ou uma nova alegria!

Cada pessoa muda tudo para sempre na sua trajetória!

Quando surgir a oportunidade de se conectar com alguém, faça!

Provoque contatos!

Há um universo todo de novas possibilidades que se abre após essa conexão!

É verdadeiramente um portal para uma nova realidade!

Atravesse esse portal! Tudo pode mudar definitivamente para melhor!

"Você é amado e querido pelo Divino. Quem o fez aceita-o e só vê o bem em seu coração! Você será amado fora de forma ou sarado, rico ou pobre, famoso ou anônimo, feliz ou triste. Deus o ama sempre!

Você não TEM QUE nada nessa vida! Melhorar é uma decisão somente sua!"

@mariohmeireles

"Hora dos milagres!
Se algo não estiver dando certo, MUDE!
Se um caminho deu errado,
tente OUTRO NOVO!
Se estiver cansado, DESCANSE!
Se estiver perdido, OBSERVE!
Afirme-se: eu sigo, adapto, aprendo, mudo e cresço!

QUANDO O ASSUNTO FOR O SEU SONHO, ELIMINE A PALAVRA 'DESISTIR' DO SEU DICIONÁRIO!"

@mariohmeireles

Leitura 160

“Eu li:
DIVERSIDADE é quando você tem um lugar à mesa.
INCLUSÃO é quando você pode falar.
PERTENCIMENTO é quando você é ouvido!

Isso é tão verdadeiro que se manifesta na liderança, nos treinamentos, nas negociações, nos relacionamentos e em todas as interações humanas!
LÍDERES CRIAM PERTENCIMENTO!”

@mariohmeireles

Liderar é uma missão difícil. É viver sob holofotes e ser constantemente observado sobre a coerência de sua conduta e de seus valores!

Tenho bons líderes que são responsáveis, comprometidos, dedicados e, sobretudo, inteligentes técnica e emocionalmente.

Estudo liderança!

Sou liderado também!

Estudo o que faz um líder ser eficiente a partir da perspectiva de quem é liderado e tem que seguir regras e protocolos, metas e prazos...

Pertencimento é a palavra-chave!

Pertencimento é o que faz um time caminhar junto na mesma direção!

Pertencimento é o que faz a comunicação fluir em todas as direções de maneira correta e sem distorções!

É mais do que um sentimento, é um instrumento da liderança!

E, para todo líder bem-intencionado, aprender a gerar pertencimento é criar as bases de uma organização saudável!

Lidere pelo pertencimento!

Leitura 161

“VALORIZE O QUE IMPORTA!
Não meça seu valor pelo número de likes!
Meus posts e textos têm muito mais likes do que fotos minhas!
É ótimo!
Mantêm-me humilde para ver que as mensagens
importam mais do que o veículo que as traz.

Sua obra fica, você vai!
Foque em contribuir com o mundo!
Não em ser amado por ele.”

@mariohmeireles

Se você um dia já ficou chateado por ter poucos likes na sua foto, decida que nunca mais ficará!

Isso é só uma rede, dedadas numa tela, bits transferindo dados e anúncios mostrados na nossa cara!

O IMPACTO que você causa em quem está do outro lado é o verdadeiramente relevante!

É o que importa!

É o que, para o movimento da vida, realmente é relevante, contribui e alimenta o TODO!

Faça seu trabalho!

Transmita suas mensagens!

Entregue o que é relevante!

Independentemente da audiência, se tocar poucos e eles REALMENTE se sentirem positivamente impactados, o desdobrar desse seu simples ato de compartilhar já terá mudado o mundo!

A nossa obra fica!

Mesmo quando já estivermos longe daqui!

Leitura 162

> *"Nos momentos que a energia estiver baixa (eles existem para todos nós), escolha muito bem seus pensamentos e as pessoas a quem dá abertura!*
> *Concentre sua energia para afastar medos antigos, pessoas oportunistas e decisões mal tomadas!*
> *NÃO TRANSFORME CANSAÇO EM AUTOSSABOTAGEM!*
> *Cuide-se!"*

@mariohmeireles

MUITA ATENÇÃO! Preserve-se! Não jogue contra você mesmo! Em momentos como o que estamos atravessando, redobre a atenção e concentre sua energia!

Nessas horas, medos e condicionamentos do passado voltam para assombrá-lo!

Dê dois passos para trás e observe!

Há verdade nisso?

Qual impulso que me vem?

É isso que realmente quero?

Qual o desdobramento disso?

Estou repetindo algum padrão?

Posso mudar esses pensamentos e enxergar algo novo?

Essa ciência e cautela o farão atravessar momentos sombrios com luz no pensamento!

E firmeza no coração!

Cuide-se!

Você é precioso!

“*Você percebe que é rico e feliz quando tem em sua vida pessoas as quais você se alegra ao ver felizes! Pessoas cuja felicidade também é sua!*

Que valem a espera para o reencontro, as horas de viagem e mudanças de planos.

Se você tem pessoas assim, você tem riqueza verdadeira!”

@mariohmeireles

Leitura 163

> “*Você não pode se dizer alguém que acredita no poder do Universo e das Palavras e falar mal de alguém.*
> *O que você pensa e fala é uma forma de oração e magia.*
> *Envie energia ao outro e molde a sua própria energia.*
> *Que depois de ‘você é...’ ou ‘fulano é...’ saia sempre uma benção!*
> *Você se torna o que fala, mesmo quando fala de alguém!*
> *Use sua boca para abençoar o mundo!*”
>
> @mariohmeireles

Quando vejo alguém falando de alguém, ou me pego falando de alguém, OU AINDA quando alguém tenta me definir, isso sempre me incomoda!

À distância enviamos energia e criamos uma imagem da pessoa que é, em essência, uma cocriação!

Sua energia a respeito de alguém ajuda-o ou atrapalha-o?

Seja honesto com isso!

Se você quer que a pessoa mude, fale coisas maravilhosas a respeito dela OU PELO MENOS reconheça a luta e os avanços dela! Veja-a progredindo!

Quando é comigo, de forma direta, incomodo-me sempre!

Quando as palavras entram em nosso cérebro, imediatamente ele começa a processar! É um computador! Responde a comandos!

Se alguém fala para você: “você é assim...”, se você processa as coisas mais intelectualmente, como é meu caso, você imediatamente sente o novo comando querendo moldá-lo!

É sempre um ponto de desconforto e que me faz questionar o porquê de a pessoa me dizer – ou definir – daquela forma! Afinal, é uma visão dela que não é a MINHA realidade!

Isso vale para nós! Como vemos os outros é uma forma de nos moldarmos também!

O emissor da energia também entra em ressonância com a imagem enviada e criada!

Por isso, também é importante ver os outros sempre bem e com as melhores qualidades!

Pais e mães, por obediência, inconsciência, inocência etc.; a influência das suas palavras em seus filhos é ainda maior!

Se você define seus filhos e chama-os de bagunceiros, sujos, porcos, burros, distraídos, chorões, mimados etc., você faz com que eles escutem e obedeçam!

"Ok, mamãe disse que sou mimado, obedecerei!"

O cérebro é uma maquininha lógica!

Ele precisa ser usado com cautela!

Além disso, com energia não se brinca!

Use suas palavras, TODAS ELAS, para abençoar as pessoas e para você se tornar um elemento neutralizador e de cura no planeta!

"*Você deu seu melhor?*
Então encontre paz!
A lei diz que o que você faz retorna para você!
Se não retornou o melhor agora, não
significa que a lei está errada!
Significa que as bençãos estão se acumulando
para chegarem todas juntas!
O Universo NUNCA falha!
Encontre paz!"

@mariohmeireles

Leitura 164

"*É um malabarismo constante entre o que precisamos, o que queremos e o que fazemos de fato em nossas vidas.*
Somos colocados em bifurcações diariamente em nossa trajetória!
Decida e não se culpe!
A vida puxa-o para a decisão, pois sabe que
NÃO HÁ UMA VIDA ERRADA!
Aos olhos do Universo, tudo é VIDA.
Pegue leve contigo!"

@mariohmeireles

Você perderá alguns compromissos, talvez frustre algumas expectativas, magoará alguns e alegrará outros!

É inevitável que seus programas às vezes estejam em rota de colisão.

E o incrível é que isso também acontece ao contrário... Algumas vezes, pessoas farão escolhas que o frustrarão...

Por isso, mantenha-se leve e amigo de si mesmo.

O resultado da soma é sempre zero.

Se há justiça e inteligência infinita do Divino, a conta sempre vai fechar no final para todos.

Além de chegarmos e voltarmos todos para o mesmo lugar...

Não se culpe ou fique com remorso, suavize e diga para si mesmo que SUAS INTENÇÕES são puras... Você está tentando acertar e se tornar uma pessoa melhor diariamente.

Leitura 165

"Ao dizermos NÃO para aquilo que não nos faz bem, sem vergonhas, culpas ou medo de tudo o que pode ser perdido, estamos ao mesmo tempo dizendo SIM a todas as novidades que a vida pode nos trazer!

A cada sim e não, universos morrem e surgem! Está aí o seu poder de criar sua vida! Faça escolhas!"

@mariohmeireles

Escolha! Decida!

Com a visão de futuro que deseja e o apoio dos sentimentos certos!

Se faz bem a você, é um ótimo indicador daquilo que está querendo.

Se faz mal, também é um ótimo indicador!

Moldar nossa realidade é dizer sim ou não para as coisas que chegam a nós!

Isso serve para coisas simples, como nossas refeições e alimentos – e é fácil entender o resultado de cada escolha –, até coisas complexas, como onde morar, casar ou não, roteiros de viagens etc.

Escolher é nosso superpoder!

Decidir é nossa ferramenta!

Tome as decisões que você sente que já passaram da hora!

Elas mudarão todo o seu futuro!

"Você vai ter sextas em casa sozinho.
Talvez por causa do trabalho, ou porque
choveu e o plano foi cancelado...
Ou simplesmente por querer ficar consigo mesmo!

Qualquer que seja o motivo, desejo que
saiba que NUNCA está sozinho!
Seja sua principal companhia!

Deus está ao seu lado!"

@mariohmeireles

Leitura 166

"Para receber minhas mensagens eu não uso nenhum aditivo.
Não fumo nada, não uso drogas, não
como cogumelos, chás, ervas etc.
Nem mesmo medito sempre.
Não há 'viagens'.
A conexão com seu espírito e a inteligência superior
JÁ É A MAIOR FONTE de ideias!

VIVER é a maior viagem!

Esteja atento à vida!"

@mariohmeireles

A vida já é a maior vibe!

Só observe, feche os olhos, conecte-se à inteligência superior E TENHA CORAGEM DE EXPRESSAR o que você há aí dentro!

Ligue a chave de contribuição e a mensagem vai chegar a quem tiver que chegar!

Nunca de propósito ou com segundas intenções! Apenas faça!

O resto é consequência!

Literalmente!

Parece doido, e é!

Mas é assim que as coisas rolam e essa é a viagem da vida!

Tudo é inexplicável!

E é o fato de ser inexplicável que torna todo o jogo muito mais interessante!

Leitura 167

*"Você vai dar uns tropeços de vez em quando!
Falhar com alguém, errar o tom, passar do ponto, deixar na mão, não atender às expectativas... FATO!
Saiba que o remédio para todos nossos erros é a humildade de pedir desculpas e MUDAR!*

*Não tenha medo de errar.
Tenha medo de não mudar!*

MELHORE E AVANCE!"

@mariohmeireles

O medo de errar se cura com humildade de se desculpar e deixar aquele erro mudá-lo para melhor!

Melhorar e avançar só podem ser alcançados com muita tentativa e erro, e por vezes será preciso elevar sua humildade!

Quanto mais conseguir, mais rapidamente avançará!

Que nesta semana você seja humano para reconhecer isso e progredir!

Ninguém merece ficar no mesmo lugar para sempre!

Continue errando se isso estiver fazendo-o crescer!

Leitura 168

“*Você investe muito em você!*
Trabalha, estuda, cuida-se, medita, malha, lê...
Aprende com os erros, tem vontade de prosperar, crescer e evoluir!
Constrói seu futuro!
Olha, você não é para qualquer um!
A pessoa tem que merecer MESMO!

Seja paciente, você vai achar quem o mereça!”

@mariohmeireles

Não aceite nada menos do que o que você merece! Nem ninguém que também não esteja na mesma busca!

Se você quiser fazer uma família, viajar o mundo, experimentar as coisas boas da vida etc., você vai causar dor em si mesmo e no outro se não observar essa compatibilidade!

No curto prazo, obviamente, a química e a beleza são superatraentes.

Mas é importante ver se estão indo para o mesmo lugar no futuro!

Afinal, dez anos passam rapidamente.

Será que você gosta da pessoa que o outro se tornará em dez anos?

Da companhia, dos papos, das ideias e dos estilo de vida?

Ok, temos que viver o agora! Concordo!

Mas o agora de dez anos também chegará, hahahaha!

É muito bom os dois terem a mesma visão do AGORA!

Você merece sempre o melhor!

(O melhor pra você!)

Leitura 169

> "*Eu li que uma das coisas mais difíceis no processo de mudança pessoal é ESCOLHER algo diferente!*
> *É muito verdade!*
>
> *Isso pode ser praticado também!*
> *Escolha comidas diferentes, caminhos, MÚSICA, roupas, cores e roteiros diferentes!*
> *Pratique com o simples para que possa abordar as questões mais complexas com igual simplicidade!*
>
> *Já pensou? Mudar de vida como você muda de roupa?*"
>
> @mariohmeireles

Troque o refrigerante por água e a balada por uma trilha em meio à natureza pela manhã.

Reclamar por agradecer.

Cigarro por oração!

Sei lá. Cada um tem sua luta, mas esse é um hábito que vale a pena tomarmos consciência e desenvolvermos!

O hábito de mudar de escolha

Ou, ainda, o hábito de escolher diferente!

O que você poderia mudar hoje de forma totalmente deliberada e voluntária? Apenas pela prática em si?

Comece a praticar a construção de um novo você!

"*Desejo que você encontre parceria e*
conexão com alguém do bem.
Trabalhem com o que amam e tenham
liberdade para viajar o mundo.
Tirem boas fotos!
Façam amor!
Transcendam espiritualmente!
Bebam bons vinhos.
Cuidem um do outro!
Floresçam e vivam uma vida incrível!

E, depois, espalhem-se e
transbordem em todos nós!
Inspirando o mundo a acreditar novamente
que a vida pode ser maravilhosa!

Esse é meu desejo para você hoje!"

@mariohmeireles

Leitura 170

“Quando você é paciente consigo mesmo, com seus processos e, principalmente, com OS OUTROS, você está sendo paciente com o TODO. Somos todos pequenos pedacinhos DELE. Aquilo que você faz para alguém, você está fazendo para o TODO. E o Todo sempre DEVOLVE em dobro!

Ame o próximo! No fundo, é uma forma de amor-próprio!”

@mariohmeireles

Até que você, depois de um tempo, entende que não há OUTROS.

E que tudo o que você faz para os outros é para você mesmo!

E O MELHOR! Aquilo que você faz para si mesmo é para os outros também.

Se você se cuida, acredite, é melhor para todos os que estão ao seu entorno do que o contrário!

“Bora” distribuir somente o nosso melhor em todas as direções!

Receba meu carinho e melhores energias, afinal, desejar-lhe o melhor é uma maneira de demonstrar que também me amo!

Leitura 171

> *"O atrito traz polimento!*
> *Para lapidar uma pedra preciosa, você precisa de atrito!*
> *Para lixar uma parede ou polir um carro, você usa atrito!*
> *O atrito desgasta, cansa e até dói, mas é FUNDAMENTAL*
> *para um time ou uma relação se nivelar, reluzir e BRILHAR!*
>
> *O atrito é amigo! Use-o a seu favor!"*
>
> @mariohmeireles

Aparar as arestas e chamar na responsa aqueles temas incômodos!

É PARTE DO EMBELEZAMENTO de qualquer relação.

Seja profissional, seja pessoal.

Curiosamente, falei para um cliente de mentoria exatamente isto (e é um tema recorrente): "CHAMA O FULANO PRA CONVERSAR E RESOLVE"!

Uma carga de energia ENORME fica presa nas pendências ou coisas mal resolvidas de uma relação (ou em um time).

Isso atrasa o avanço, pois as partes não se empenham 100% enquanto não se sentirem ouvidas ou com suas necessidades atendidas!

Portanto, assim como nos processos de lapidação, você tem que estar aberto a causar e "ser causa do" atrito; afinal, é esse o caminho do brilho!

É o caminho da harmonia, do embelezamento, do refino, do nivelamento, do alisamento, da suavização e de tudo o que você pode imaginar!

Cause o atrito. Com respeito, amizade e maturidade!

Tirará quilos de carga desnecessária que estavam em suas costas!

Leitura 172

"Você tentar se ajustar e encaixar em um mundo maluco, doente e desorientado vai doer! Se você olhar atentamente, essa tentativa é não apenas insustentável no longo prazo, mas também dolorosa! Ela fere o seu jeito natural de ser!

Relaxe, seja você, faça o que faz sentido e sorria!

Está tudo certo!"

@mariohmeireles

Vá simplificando e minimizando as suas necessidades!

Construindo liberdade e leveza diariamente!

Fazendo o bem!

Aprendendo!

Sendo justo, íntegro e alegre!

Coloque progredir nisso como uma meta diária e a vida vai recuperando a cor e o sabor!

Essa organização social maluca que construímos está matando todos nós.

Dia a dia.

Pouco a pouco!

Enxergue conscientemente aonde estão indo seu tempo e seus recursos – saúde, atenção, dinheiro e conhecimento!

Coloque-os no propósito de criar um modelo sustentável para si e para todos ao seu redor!

Não deixe que a vontade dos outros em torná-lo só mais um seja maior do que a sua vontade de ser você mesmo!

Leitura 173

> *"Não sei se para você faz sentido...*
> *Mas, com a idade, percebo que já não é mais sobre quantas coisas você faz, quantas pessoas você conhece ou quanto tempo você passa junto...*
>
> *É SOBRE A QUALIDADE... A qualidade do tempo, da conversa, do passeio, da relação...*
>
> *A maturidade nos faz perceber que, no final, a qualidade sempre vence!"*

@mariohmeireles

Duas horas de qualidade com alguém pode mudar a relação de vocês... Seja ela comercial, seja familiar ou amorosa.

Uma horinha de sono de qualidade, no meio de uma tarde intensa, pode mudar todo o seu dia!

Uma hora de mentoria com alguém que o escuta, entende e sabe exatamente a solução muda seu faturamento por anos!

Uma tarde brincando intensamente e entregue com seus filhos melhora toda a conexão e a cumplicidade entre vocês!

É sobre qualidade.

Somente qualidade.

E qualidade sempre vence!

Parece papo de tiozão, mas sei que alguns de vocês também concordam...

Foque em qualidade.

"Entenda
Deus quer lhe dar uma experiência
humana completa, pois só assim você
pode aprender tudo sobre este plano.
Então, há tristeza, dor, choro, alegria, paz,
sucesso, fracasso, tombo, vitória...
Tem de tudo!

A beleza da vida humana está em sua completude.
E é um pacote fechado!

Não queira viver apenas uma
parte do que há para viver!
Aceite e aproveite o pacote completo!"

@mariohmeireles

Leitura 174

> *"Vocês não está aqui para FAZER algo!*
> *Você está aqui para SER algo.*
> *Não é sobre o que se faz e se realiza, mas*
> *sobre o que isso o torna no processo!*
> *Tudo, essencialmente, é sobre o SER.*
> *Foque mais nos seus progressos internos do que nos externos!*
>
> *O externo é sempre temporário."*
>
> @mariohmeireles

Você tem progressos internos e individuais que, muitas vezes, os outros nem sonham!

Progressos não mensuráveis pela sua conta bancária ou pelo número na balança...

Que não são visíveis aos olhos menos preparados.

Você tem progressos seus – de crescimento espiritual, autoaceitação, confiança, doação e generosidade – que talvez as pessoas até duvidem que você seja capaz!

Por isso, coloque atenção neles.

Nos seus progressos secretos.

Suas pequenas vitórias sagradas!

Encontre motivação e felicidade nelas!

Elas estarão contigo sempre e NUNCA serão comparáveis aos feitos de outra pessoa, pois elas transformaram VOCÊ em você mesmo e em mais ninguém.

Leitura 175

“Acelere sem sofrer pelos erros, tropeços e pelas ‘perdas de mão’!
Você está crescendo! É tudo novo!
Quando você cresce rápido, as chances
de tropeçar são ainda maiores.
Errar faz parte do processo!
Mas, olhando pelo lado positivo, isso significa que ainda há
MUITO para você descobrir e aprender sobre si mesmo!
Progrida, apesar dos erros. No final, isso
trará apenas crescimento!”

@mariohmeireles

Você está vivendo coisas que nunca viveu! Conhecendo pessoas e lugares novos. Experimentando e fazendo coisas que nunca fizera antes...

VAI ERRAR A MÃO, PERDER O JEITO, TROPEÇAR, FERRAR a coisa toda!

Claro que vai!

Se você já soubesse tudo o que fazer e o caminho certinho, já não seria algo novo.

O crescimento está no novo, na surpresa, na descoberta...

Ali existe crescimento!

É quando será exigida de você sua capacidade de aprender, mudar e adaptar!

Eu já aprendi a me perdoar e aceitar.

Aprendi a ser eu mesmo!

Em novos lugares, com novas pessoas e em novas situações, é o melhor a ser feito! Seja você íntegro, seja você total!

Somente assim você saberá quais arestas aparar, quais pontos melhorar e quais ações trarão o resultado que você quer!

TUDO É EXPERIMENTO!

Continue aprendendo e amando-se no processo...

"*Eu desejo que você se ame a ponto de correr*
riscos em busca daquilo que ama!
Que você ouse viver uma vida que faça sentido
para VOCÊ, não a vida que esperam que você
viva ou julguem como adequada para você!
Não!
Que você viva sob seus próprios termos!
Você merece!

É seu direito divino e espero que você
tome plena consciência disso.
É uma expressão maravilhosa de amor-próprio!"

@mariohmeireles

"*As pessoas são fundamentais!*

Existem verdadeiros anjos na forma
de seres humanos! Você deve conhecer
algumas pessoas assim.
Elas surgem, acolhem, escutam, curam,
impulsionam, nutrem, fazem sua magia e
deixam-nos melhores do que quando chegaram!

Elas, além de tudo, ficam felizes por isso!
Alguns os chamam de amigos,
eu os chamo de ANJOS!"

@mariohmeireles

Leitura 176

"ORIGEM NÃO É DESTINO!
Você não precisa nascer bonito, rico, em um lar estruturado de um bairro nobre etc. para crescer e ser feliz!
Com fé, trabalho, generosidade, educação, estudo e alegria, você chega lá, vai além e ainda arrasta um pessoal contigo!
Comece e cresça onde estiver!"

@mariohmeireles

Existem diversos lugares "de partida", claro! Mas a sua história é somente sua.

Até que tenha tomado posse dela, você não começa a subida!

Óbvio que as coisas poderiam ter sido mais leves e organizadas!

Sempre poderiam ter sido diferentes e "melhores".

MAS FORAM COMO FORAM e, portanto, VOCÊ É COMO É!

Você ser como é não significa que necessita ser assim para sempre!

Recuperar o domínio e o controle sobre si mesmo é igual a segurar – novamente – no volante de um carro que estava desgovernado!

Assuma esse controle e domínio!

Direcione para os lugares que deseja ir!

Foque em colocar o combustível certo!

Acelere fundo e tire o atraso!

Você pode estar em um lugar totalmente diferente em dois anos com direcionamento, velocidade e energia certa!

Comece hoje, comece de onde estiver!

Leitura 177

"Respeite as pequenas vitórias!
Para alguns, foi conseguir sair da cama hoje. Para outros, foi conseguir acalmar a mente e dormir.
Esta semana trará muitas pequenas vitórias em seu trabalho, em sua vida e seus negócios!
Os caminhos se abriram!
É hora de avançar!

Você está pronto!"

@mariohmeireles

Você está pronto! Avance! Os caminhos estão abertos e o cenário está favorável pra você!

Eu acredito e declaro que sua hora chegou!

Avancemos com coragem!

Esta semana marca esse ponto de virada, esta semana marca um novo início, um novo você!

Use essa energia a seu favor e, ousadamente, avance!

Você está protegido e totalmente autorizado a crescer!

Na realidade, o seu crescimento interessa a todos ao seu redor!

Quando você cresce, o mundo cresce junto!

Leitura 178

> *"Desconecte-se!*
> *Chame uma amiga para conversar, alguém que o escute,*
> *conheça de verdade e dê-lhe opiniões sinceras!*
> *Comam bolo de chocolate!*
> *Caminhem em meio à natureza!*
> *Vejam arte! Jantem pizza!*
>
> *Dentre todas, a AMIGOTERAPIA ainda*
> *é uma das melhores terapias!"*
>
> @mariohmeireles

Ah, a amigoterapia! Você conhece? Você tem algum amigo ou amiga que é ótimo ouvinte e sempre é sincero (por mais que doa) em suas respostas?

Faz bem demais!

Às vezes você só precisa ouvir umas boas verdades para colocar as ideias no lugar e ver as coisas com clareza!!

Pratique!

Chame alguém para conversar, caminhem num parque juntos (algo me diz que andar ajuda a conversa), comam um belo bolo de chocolate e depois vejam arte, ouçam música, admirem a natureza!

Façam algo que elevem a energia e a admiração.

Jantem algo gostoso.

Uma tarde assim é terapêutica e necessária!

Pronto! É praticamente uma sessão de terapia!

"*Encontre um minuto para você.*
Silencie o caos.
Respire!
Sinta-se Seguro!
Sinta-se Grato!
Sinta-se Alegre!
Sinta-se Amado!
Sinta-se próspero!
Sinta-se Capaz!
Encontre os sentimentos alinhados
com a vida que você quer!
TODO sentimento é uma oração magnética!
Ore vibracionalmente!"

@mariohmeireles

“A vida remunera muito a nossa paciência e persistência!

Nos dias que você tiver vontade de jogar tudo pro alto, lembre-se:

famílias prósperas, negócios estáveis, corpos sarados, relacionamentos felizes, diplomas etc. foram TODOS conquistados por pessoas que PENSARAM em desistir, mas continuaram!

Força!”

@mariohmeireles

Leitura 179

"Acorde hoje com a certeza de que sua ALEGRIA é um instrumento de compaixão coletiva! Comece distribuindo-a em casa, consigo e seus familiares, depois no transporte, no trabalho, no mercado...

Seja a fogueira que aquece o lugar! Quando você aquece o coração dos outros, o seu coração é o primeiro a ficar quentinho!"

@mariohmeireles

Uma historinha verídica que me ensinou muito!

Eu cheguei em um hotel cansado de um dia de viagem/trabalho em que não parei!

Carregando minhas malas, de manhã até às 22h30, encontrei três recepcionistas que IGUALMENTE ESTAVAM CANSADOS!

Minha reserva, feita no almoço às pressas, não incluía o café. Logo, orientaram-me a cancelar a anterior e refazer, pois o preço seria melhor.

ÓBVIO que deu erro e o cartão cobrou duas vezes e eu tive que ligar pra atendente do SAC e ficar esperando... CAOS!

A tendência naquela hora, vendo o extremo desconforto, era que se criasse um clima pesado e tenso...

Mas uma onda de muito amor e gratidão me tocou e sensibilizou!

Reparei que eles estavam em pé, não havia uma cadeira sequer para eles sentarem, que a intenção era boa, que o erro foi do sistema e não deles e que EU DEVERIA TER OLHADO SE O CAFÉ ESTAVA INCLUSO no ato da reserva.

ESTÁVAMOS TODOS EXAUSTOS!

Ninguém ali – eu, inclusive – precisava de mais estresse ou discussões!

Precisávamos de risadas e relaxamento!

E foi o que eu fiz.

No final, ficamos todos mais alegres e relaxados e deixamos o problema para ser resolvido no dia seguinte.

Internamente eu mudei para a gratidão!

Se tive esse problema é porque tenho trabalho!

Porque tenho um bom hotel para dormir!

Tenho dinheiro!

Saúde! Cartão de crédito! Etc., etc., etc.!

Na realidade, dei-me conta de que não havia nada do que reclamar e somente agradecer!

E é esse o sentimento que precisamos compartilhar!

Gratidão, alegria, compaixão e compreensão!

Estamos todos precisando do melhor que existe uns nos outros!

E começa com a gente!

Vencemos aquele dia!

Leitura 180

"*MANIFESTAÇÕES são reais!*

Comece a declarar positividade, vitória, clareza, certeza, sucesso, crescimento, melhoria, cura, entendimento, alegria, força, compaixão, compreensão...

Mude seus PENSAMENTOS, mude suas FALAS e veja os MILAGRES que se manifestarão na sua vida!

Comece hoje! Comece Já!"

@mariohmeireles

Eu não consigo dizer O QUANTO ISSO É RELEVANTE no processo de manifestação!

Como suas palavras são comandos para o Universo!

Como ele entende exatamente tudo o que você diz e escuta-o o tempo todo!

Declare mudança!

A primeira mudança é na mente, nas palavras, nos pensamentos e nas ações!

Daí tudo muda!

Principalmente você!

"*Não perca tempo!!!*
Daqui a quatro anos, quem começou a
faculdade hoje terá uma nova profissão!
Em um ano, a mudança na alimentação
pode transformar seu corpo e sua saúde.
Em dois anos, ter aceitado o convite pra
jantar pode ter virado casamento.
O livro que você começou pode estar publicado.
Os filhos que você decidiu hoje
podem estar formados.
Seu negócio pode estar dando os
primeiros meses de lucro...

A lista poderia aumentar muito.

O tempo vai passar!

Diga SIM pra vida!
A mudança começa hoje!"

@mariohmeireles

Leitura 181

"Há alguns meses, vivo a seguinte filosofia:
O que tiver que vir, vem!
O que tiver que ficar, fica!
O que tiver que ir, vai!
O que tiver que acontecer, acontece!
O que tiver que saber, saberei!

E cabe a mim fazer e ser o melhor para
atrair e permitir o fluxo da vida!"

@mariohmeireles

Na correria da vida e nas infinitas possibilidades que a vida moderna nos traz, de lugares para ir, pessoas para conhecer e coisas para fazer, CONFIAR QUE SUA ENERGIA ATRAIRÁ E FARÁ AS COISAS CERTAS ACONTECEREM traz paz de espírito!

É sobre "desansiedade" (acabei de inventar).

Relaxar e deixar o que tiver que vir, vir, e o que tiver que acontecer, acontecer! Não confunda com largar a mão e desistir, é bem o contrário!

É sobre lutar até o ponto onde ainda faça sentido!

Sobre cuidar e elevar a própria energia!

No final, mesmo que tudo dê errado, você ainda terá ganhado saúde mental!

Leitura 182

"Você encontrará pessoas que reforçarão suas forças!
Acolherão suas inseguranças!
Abraçarão seus medos!
Pessoas que estão no mesmo processo de cura e crescimento!
Se você tem pessoas assim, agradeça!
Trate-as bem! São raras!
Ter pessoas de confiança é um privilégio para poucos!"

@mariohmeireles

Se estamos aqui, estamos em processo de cura.

Nosso papel ainda não acabou e ainda precisamos crescer e evoluir aspectos nossos!

Isso é um fato!

Na inteligência do todo, não há desperdícios. Se você já tivesse cumprido sua missão, já estaria de "volta à base"!

Portanto, é um processo coletivo a troca de cura e o crescimento!

Se você tem pessoas de confiança nesse processo, despertas E CONSCIENTES dele, todas as conversas são feitas com carinho e cuidado.

Todas as palavras são ditas para engrandecer e fortalecer!

Todas as conexões servem ao propósito!

Tome consciência disso.

Ajude, acolha e receba todos com essa energia empática e amorosa!

O processo é coletivo e estamos todos juntos nele!

Leitura 183

“*As pessoas que se acham superiores a você sempre atribuirão o seu sucesso à sorte, nunca à sua inteligência.*
Acostume-se com isso!
Não espere nem queira palmas ou reconhecimentos!

Queira ser feliz, próspero, saudável, generoso...

Queira os aplausos de Deus.
Eles são silenciosos!”

@mariohmeireles

Quem o criou nunca o menospreza!

E menosprezar outro ser humano é ignorar que todo o poder individual (inclusive o próprio) vem da mesma fonte infinita!

O menosprezo só nasce dessa ignorância!

Quem o menospreza não entende sua natureza divina e muito menos a sua não necessidade de receber falsos reconhecimentos.

O reconhecimento que você quer é a alegria!

A felicidade! O bem-estar! O senso de propósito!

Todos esses sentimentos são pequenos aplausos de Deus que sinalizam seu alinhamento com o Todo!

São esses os verdadeiros aplausos!

Discretos, silenciosos, fundamentais!

Só podem ser ouvidos com o coração!

Leitura 184

"Você vai ver pessoas com metade de seu conhecimento,
sua desenvoltura, sua beleza, sua inteligência...
Tendo o dobro do resultado!

Não se trata de injustiça, sorte ou preferência divina.

Olhe honestamente em quais aspectos você pode ser
duas vezes melhor, busque ajuda, estude, melhore
E VOE."

@mariohmeireles

Infinitas possibilidades, eu sei! Cada caso é um caso, e dependendo do momento, não estamos na nossa melhor performance! Eu sei disso, mas não perca o foco da mensagem!

A mensagem diz para olharmos honestamente para nós!

Analisarmos a nossa entrega e os nossos resultados!

O que poderíamos adicionar? Alegria, foco, dedicação, ousadia, volume de ações, novas ideias?

Há algo que você pode fazer para aumentar seus resultados, mas não faz por algum motivo que "nem sei explicar".

Talvez seja esse o ponto! Use isso a seu favor.

Como não há explicação, simplesmente vá e faça!

Faça para descobrir!

Faça para se conhecer!

Faça como parte do processo de destravar-se e permitir a abundância em sua vida!

Leitura 185

"Eu quero que você se orgulhe de você!
Você já caminhou muito!
Ninguém sabe o quanto você caminhou para chegar até aqui!
Só você!
Seja o primeiro a respeitar sua história!
Não tolere qualquer desvalorização da pessoa que você construiu!
Autorrespeito é combustível!
Mantenha o tanque cheio!"

@mariohmeireles

Levante essa cabeça! Rebata as críticas de quem apenas vê parte do Mosaico Complexo que você é e que se tornou durante sua caminhada!

Fato é que, se você mesmo não se respeitar e admirar, duas tragédias acontecem...

A primeira é que você passa a não se posicionar e valorizar a si mesmo, permanecendo em cenários aos quais já não se enquadra, sejam esses cenários bons, sejam ruins!! O permanecer desencaixado é uma forma de desrespeito consigo mesmo!

A segunda tragédia é que você passa a não respeitar mais ninguém!

Nem admirar!

Afinal, se você não aprendeu – consigo mesmo – a importância do respeito, você não consegue distribuí-lo aos outros.

Você vai ferir os outros e interpretar erroneamente quando alguém estiver se posicionando e exigindo ser respeitado. Afinal, você não entenderá esse idioma por pura falta de elementos internos!

Respeite sua história!

Posicione-se!

Busque aquilo que você quer!

Isso é combustível!

Mantenha o tanque cheio e você chega lá!

"Hoje, coloque atenção ao vaso
que você está plantado!
O Vaso limita seu crescimento!

Escolha um lugar em que você possa
crescer e viver seu potencial!
Onde possa colocar suas teorias à prova!

Cresça, dê frutos e alimente milhares!

Escolha um vaso grande!
Bonito!
Ou melhor, plante-se diretamente na Terra!
Para que você possa crescer de forma ilimitada!

Você não é um Bonsai!"

@mariohmeireles

Leitura 186

"Talvez você não tenha viagens, festas e grandes passeios programados
Mas se você tem casa, conforto, segurança... AGRADEÇA!
Se tem comida e água limpa... AGRADEÇA!
Se existem pessoas que você ama e que o amam... AGRADEÇA!

Não trate como normais as coisas que realmente merecem a sua gratidão."

@mariohmeireles

Nós temos tantas bençãos que se tornaram "comuns" que esquecemos de agradecer ou, simplesmente, achamos que não é mais necessário colocar um sentimento de gratidão!

Mas isso é um erro!

É agradecendo o que se tem, mesmo que seja simples ou ainda não esteja do jeito que você queira, QUE O EXTRAORDINÁRIO SE MANIFESTA!

É agradecendo o que já foi lhe dado que o novo acontece!

Para mudar a sua vida, o caminho mais rápido é agradecendo o que se tem e abrindo espaço e energia para novas realizações!

Agradeça, deixe ir e peça pelo novo!

Esse é um processo infalível!

Leitura 187

"A lista de tarefas da semana está grande, então, a lista da gratidão tem que estar ainda maior!

Grato significa BEM-VINDO!
Non grato, o contrário!

A gratidão é como o Universo entende o que você recebe com alegria!
E por amá-lo, ELE MANDA MAIS!
AGRADEÇA COMO SE SEUS DESEJOS JÁ FOSSEM REAIS!"

@mariohmeireles

É muito bom estudar a etimologia das palavras e ver suas origens e seus significados!

Quando foram criadas para denominar algo, apoiavam-se no entendimento do que ela representava no mundo.

Não nomeavam aleatoriamente!

Muitos conhecem a expressão: persona non grata.

Significa pessoa que não é bem-vinda!

Grato e Grata é o que é BEM-VINDO!

Gratidão, portanto, é o ato de indicar o que é bem-vindo!!!

AGRADEÇA AQUILO QUE DESEJA E BUSCA! É o que liberta a energia e indica ao Universo o que você está buscando!

O que você vai agradecer hoje?

Leitura 188

> “ *Para mudar, MUDE!*
> *A nossa rotina é persistente!*
> *Acordamos da mesma forma, fazendo*
> *o mesmo e no mesmo lugar...*
> *Criamos a mesma realidade e, com nossa atenção,*
> *a preservamos exatamente como é.*
> *A atenção é instrumento da manifestação.*
> *Por isso, é vital VIAJAR, MEDITAR, ESTUDAR,*
> *CONHECER gente nova e lugares novos!*
> *AMPLIAR SUA VISÃO DE MUNDO AMPLIA*
> *VOCÊ E AMPLIA OS SEUS RESULTADOS.* ”
>
> @mariohmeireles

Coloque referências novas em sua mente!

É muito bom ouvir histórias de pessoas várias, com histórias diferentes e lições diferentes!

Às vezes, nessas histórias, estão as respostas ou os exemplos que você estava buscando para superar um problema e mudar tudo!

A rotina é persistente e, para mudar a vida, mude a rotina!

Acabamos repetindo as coisas todas exatamente igual e manifestamos, portanto, a mesma realidade!

Experimente mudar a forma como você começa o dia!

Mude algo e tudo mudará!!

Essa é a resposta mais simples que existe para as dores e dúvidas do seu coração!

Feche os olhos, medite e imagine uma vida nova! (Isso já é criar)!

Quebre o padrão da rotina!!

Reconstrua-se todos os dias!

Leitura 189

"Se você fala que quer algo porque PRECISA DELE para ser feliz, para chegar a algum lugar, para se sentir amado e capaz... O UNIVERSO NÃO LHE DÁ! Se Ele o fizesse, estaria se contradizendo, pois Ele conhece sua força e sabe que você NÃO PRECISA de nada disso para ser pleno!"

@mariohmeireles

É duro, mas é real! Toda vez que você fala "eu preciso" de algo, o Universo bloqueia a manifestação do algo para que Ele mesmo não o eduque mal.

Se você vibra NECESSIDADE OU INADEQUAÇÃO, verbalizando que algo lhe falta e que você PRECISA, caso manifestasse algo, o Universo estaria educando-o mal, ele estaria dizendo "vibre falta e eu lhe darei", mas não!!! O que acontece é o contrário. Esse pensamento faz "boom!" e acaba com o processo.

Vibre desejo! Vibre gratidão! Vibre alegria! Vibre expectativas e esperanças! Vibre coisas boas, e a manifestação encontra um caminho de menor resistência e conflitos de crenças e pensamentos para acontecer!

Querer é diferente de precisar!

Quem precisa atrai mais precisar!

Quem quer atrai mais querer!

Quem agradece atrai mais coisas pelas quais agradecer!

Leitura 190

“Se for trabalhar, agradeça!
Milhões gostariam de ter trabalho hoje!

Se for descansar, agradeça!
Fuja do ‘eu deveria estar fazendo mais’ (quase uma culpa), como se precisássemos de ‘sacrifício’ para merecer ser feliz ou amado!

Encontre leveza em seu coração!”

@mariohmeireles

Sim! Já estive nas duas situações!

Sentindo-me mal por estar trabalhando e mal por não estar... Por pensar que eu “deveria” estar...

Na arte de viver, encontrar os sentimentos bons dentro de nós – em todas as situações – é de fato o nosso grande objetivo!

Quando a vida lhe dá uma situação, é aí que encontramos o desafio de crescer emocional e espiritualmente para encontrarmos os pensamentos sobre a situação que geram os melhores sentimentos!

Então, hoje, encontre gratidão e leveza nesse coração!

São os dois sentimentos que você merece para o dia de hoje... INDEPENDENTEMENTE do que esteja fazendo.

Encare com alegria e leveza.

E preencha de gratidão todo o seu dia!

"Tenha cuidado com quem você
compartilha seus sucessos.
Tenha ainda mais cuidado com quem
você compartilha seus fracassos.

Aqueles que dizem 'eu sabia que isso
não ia dar certo' NUNCA estiveram
ao seu lado ou torcendo por você.

Eles estavam apenas torcendo para estarem certos!"

@mariohmeireles

Leitura 191

“De forma bem direta!
USE SUA INTELIGÊNCIA A SEU FAVOR!

Você já sabe o que fazer,
você sabe o que é certo,
você já sabe que é você quem enfrenta as
consequências das suas decisões...
Então, seja forte!

É quando colocamos NOSSAS TEORIAS EM
PRÁTICA que criamos mudanças reais!”

@mariohmeireles

O recado é direto: use sua inteligência a seu favor!

Sabe, um adulto inteligente e responsável, que trabalha e paga boletos, FARIA AS ESCOLHAS QUE VOCÊ TEM FEITO?

Seja com relação ao trabalho, sejam com relação à vida pessoal, ao seu futuro e aos seus objetivos?

Então, pronto! Seja coerente!

Você é inteligente o suficiente para isso!

Apenas não está colocando essa inteligência para jogar a seu favor!

Chega!

“Bora” voar!

Decida-se! Mantenha-se decidido! Continue decidindo!

Até que você chegue lá!

Leitura 192

> “*O MEDO NÃO MATA.*
> *Não importa o quão assustador algo seja,*
> *ninguém nunca morreu de medo.*
> *A expressão 'morrer de medo' nos paralisa inconscientemente!*
> *É uma MENTIRA!*
> *O medo MATA a experiência, a descoberta,*
> *o crescimento e o avanço!*
> *Não nos mata, mata o prazer da vida!*
> *VAI com MEDO!*”
>
> @mariohmeireles

“Mas ele nos protege e ajudou o ser humano a chegar aonde está.”

Claro, concordo, mas você já não está mais buscando alimentos na floresta e fugindo de predadores!

Hoje, o medo é do julgamento, de se abrir, de viver, de falar...

Vamos rever isso!

“O medo não mata.”

Vai com medo mesmo!

O medo não tira a vida, mas tira todo o restante e saboroso dela.

Tira o prazer e a alegria!

Tira a descoberta e a aventura!

Você acredita que as pessoas não experimentam novos sabores por medo de não gostarem?

Que não vão para lugares por medo de se perder?

Não começam novos negócios e ideias por medo de dar errado?

Não terminam (ou não começam) relacionamentos por medo da mudança?

Vai, com ou sem medo, para que o seu ir não seja sem sabor!

Leitura 193

"Existem sucessos que ninguém vê!
Quitar as dívidas.
Fazer a primeira venda.
Ser o primeiro a dizer 'eu te amo'.
Sair quando estiver machucando.
Sorrir sinceramente após o luto.
Recusar o cigarro, o doce, o gole...
Quaisquer que sejam, mesmo sem
aplausos, saiba que são incríveis!"

@mariohmeireles

Existem lutas que SÓ VOCÊ SABE QUE ESTÁ ENFRENTANDO!

E só você sabe que está vencendo e progredindo rumo à sua própria superação!

Isso é incrível!

Às vezes, vencer a preguiça, dar um primeiro passo de caminhada, conquistar o primeiro cliente.

Qualquer coisa que pareça "simples" é uma grande vitória!

Mesmo sem aplausos, saiba que você é incrível e orgulhe-se disso!

Veja-se como vitorioso!

Porque é!

Leitura 194

“*Algumas pessoas lhe causarão dor, mas eleve-se!*
Entenda que muitas pessoas não tiveram um
lar acolhedor ou não foram ensinadas a:
PEDIR DESCULPAS,
FALAR SOBRE SEUS SENTIMENTOS,
FICAR EM SEGUNDO PLANO,
etc.

Tenha compaixão!
Causar dor aos outros é um sintoma de profunda tristeza!”

@mariohmeireles

Quando alguém lhe causar dor, transforme em gratidão!

Reconheça o seu privilégio de enxergar que aquela atitude só pode ter sido aprendida também com muita dor!

Quem causa dor é por ter aprendido como causar dor.

Quem ama é por ter aprendido a amar!

Quem compreende é por ter aprendido a compreender!

Portanto, vá para um nível acima, agradeça por ter tido educação, por ter sido amado, amparado e acolhido!

A compaixão é sinal de que você está em um nível além da dor que tentam lhe causar!

Agradeça a história que o fez ser quem você é!

Leitura 195

"A busca pela perfeição é um disfarce para a nossa insegurança e não aceitação daquilo que somos.
Há pessoas que têm metade da sua capacidade intelectual, técnica etc., que estão tendo resultados 10x melhores e até mesmo vivendo a vida que você sonharia ter.
Elas não são 10x melhores do que você.
Todos temos igual potencial e direito divino.
Mas pode ser por elas terem 10x mais confiança em si mesmas!
ACREDITE, VOCÊ JÁ ESTÁ PRONTO!
Vá e faça!"

@mariohmeireles

Pensa demais, espera demais, preocupa-se demais, elabora demais.

E faz de menos!

Sabe, na sua área de trabalho, há gente muito menos capacitada do que você e que está fazendo um trabalho muito mais relevante e tendo resultados (de todo tipo) muito superior!

Não por serem melhores, mas por simplesmente confiarem mais naquilo que elas já são!

Todos os dias encontro pessoas querendo "descobrir o que está faltando nelas!" Quando na realidade a única coisa que falta é perceberem que SÓ FALTA ACREDITAR QUE JÁ ESTÃO CAPACITADAS!

Já estão prontas!

Já estão perfeitas!

Já estão competentes e capazes!

Já sabem fazer!

Não perca tempo divagando sobre o que falta!

Vai e faz! Acelera! Confia!

Mas a vida não precisa que você seja perfeito pra entregar o resultado maravilhoso que você quer! Ela fê-lo e considera-o perfeito!

O que ela precisa é só que você acredite nisso de verdade!

“*TUDO flui melhor quando você está bem! É fato!*

Você produz mais, concentra-se melhor,
tem conversas mais produtivas e conexões
mais intensas com as pessoas!
Parte do seu trabalho é manter sua energia alta!

Cuide da alimentação, do sono,
do exercício e das pessoas!
Principalmente das pessoas!

Existem pessoas que elevam sua energia na hora!
Fique perto delas!

Elas fazem parte do seu sucesso!”

@mariohmeireles

Mensagem final

Que jornada. Para mim, reler e reescrever parte dos textos deste período foi uma delícia! Espero que vocês tenham encontrado respostas, apoio, energia, motivação, inspiração e, quem sabe, direcionamento em alguns desses curtos textos. Use-os como um oráculo. Faça perguntas e abra uma página! Nosso inconsciente sabe onde estão as respostas que nosso coração tanto busca!

Eu espero que, de todo o meu coração, sua trajetória tenha sido alterada para melhor após essa leitura! Que, agora, pequenos ajustes tenham sido feitos, direcionando-o para os seus sonhos. Você merece uma vida incrível! Estamos nesta vida para sermos felizes, abundantes, prósperos e felizes!

Que estas palavras entrem em seu coração e criem raízes profundas!

Um abraço. Recomende este livro para alguém. Seja uma benção na vida daqueles que o rodeiam, e as bençãos voltarão para você.

Sinto-me abençoado em dividir essa missão com você.

Vemo-nos no topo.

Mario

Outras publicações Instituto Life Coaching

FIQUE POR DENTRO DO UNIVERSO ILC

TÍTULO: Manifestação – Aprenda a manifestar seus desejos com o coaching e a lei da atração. (2019)

TEMA: Metafísica e Desenvolvimento Pessoal

SINOPSE: Muito fala-se sobre a Lei da atração.

Como utilizá-la, de forma eficiente, porém, é um desafio.

É preciso aprender e aplicar o processo na prática.

Este livro traz exercícios e processos simples para o Leitor entender e aplicar a poderosa Lei da Atração.

Nele há também um guia para um programa de 30 dias que, se seguido, colocará a vida do leitor novamente no rumo da manifestação de seus desejos.

É hora da criação. É hora da manifestAÇÃO.

FIQUE POR DENTRO DO UNIVERSO ILC

TÍTULO: LIFE DESIGN – Como assumir o controle e criar a vida dos seus sonhos. (2019)

TEMA: Coaching Pessoal, PNL, Psicologia, Ansiedade.

SINOPSE: O Livro LifeDesign é a manifestação de um sonho!

Imagine se conectar, e conversar, com 12 especialistas em áreas importantes da vida. Pessoas que vivem e dedicam suas vidas à ajudar outras pessoas, profi ssionais e até empresas, a terem resultados excepcionais em cada uma dessas áreas.

Apoiado na roda da vida, ferramenta que serve de base para todo processo de Coaching, o leitor poderá avaliar o seu momento atual, encontrar as áreas que precisam de atenção e, com o apoio do especialista daquela área, encontrar estratégias, exercícios e atividades que o fará alcançar o estado desejado para suas áreas mais desafiadoras, além de elevar sinergicamente sua performance global.

FIQUE POR DENTRO DO UNIVERSO ILC

TÍTULO: Mini Manual de Óleos Essenciais: Como utilizar os 12 óleos e misturas mais poderosos e comuns

TEMA: Vida saudável e bem-estar, Medicina Alternativa Saúde e Família

SINOPSE: Este livro é uma produção do Instituto Life Coaching, visando ampliar o entendimento e conhecimento a respeito dos óleos essenciais e seus usos práticos.

Com a responsabilidade técnica de Fernanda Versiani, uma das maiores autoridades no tema óleos essenciais do país, este livro traz ao leitor um ensinamento inicial, porém relevante ao seu estudo no tema.

Por uma mudança essencial na vida das pessoas.

FIQUE POR DENTRO DO UNIVERSO ILC

TÍTULO: Despertar o Divino. Uma jornada de 31 dias

TEMA: Espiritualidade

SINOPSE: Imersão em uma jornada de autoconhecimento, com práticas de 31 dias, que vai te ajudar a descobrir caminhos para fazer a gestão de suas emoções e criar uma nova realidade.

Nesta existência imperfeita, os altos e baixos são inevitáveis, porém, com as ferramentas corretas, os momentos difíceis e os desafios tornam-se degraus que nos levam cada vez mais alto. E assim, transformamos o caos em oportunidades.

Esta é a sua caixinha de ferramentas da vida, com as quais você pode ajustar ou consertar suas emoções e sentimentos.

FIQUE POR DENTRO DO UNIVERSO ILC

TÍTULO: QuanticaMENTE: Pensamentos quânticos para a iluminação interior (2020)

TEMA: Física quântica, Metafísica, Pensamento

SINOPSE: Quanticamente é um livro repleto de textos e inspirações para elevar o pensamento e o olhar do leitor ao nível de compreensão quântica da realidade.

A realidade, cuja natureza é objeto de discussão de inúmeros filósofos e pensadores através dos séculos.

Hoje, com este livro, o leitor encontra um refinado arsenal de insights e pensamentos aplicáveis à situações cotidianas.

Uma leitura leve, prazerosa e enriquecedora.

Uma leitura, exatamente como o Universo que habitamos, abundante e plena!